東京駅コンシェルジュの365日

業務日誌に見る乗客模様

渡辺雅史
Watanabe Masashi

交通新聞社新書 141

はじめに

マニュアルは、仕事を円滑に行うために有用なツールであって、完璧にこなすための虎の巻ではない。

日々、様々なタイプの人と接する仕事をしていると、ときにはマニュアルから離れて相手に合わせることも必要だ。場合によっては、マニュアルとはまったく違うことをやることが〝正解〟のときもある。

JR東京駅の丸の内地下中央口と八重洲地下中央口を結ぶ中央地下通路にある総合案内所「ステーションコンシェルジュ東京」は、これまでとは違う案内所を目指して開設された場所。カウンターにやって来た人たちが質問してくる内容は、マニュアルを作ったところで対応できないものばかりだ。

そんな案内所のスタッフたちが、マニュアル以上に大切にしているのが業務日誌だ。「●月×日。こんなお客さまからの問い合わせがあったので、このような応対をしました」「■月▲日。○○のエリアに新しいお店ができて、問い合わせが増えています」といったことが書かれている日誌は、ステーションコンシェルジュ東京の開設時から毎日綴られている。

そこに記されたことを参考にして、案内係のコンシェルジュたちは問い合わせに対応しているという。

２０１９年春、そんな業務日誌を目にする機会に恵まれ、数年分の日誌を読ませていただいた。そこには、日々状況が変化するためマニュアルを作るのが難しい現場で、全員で情報を共有し、問題解決を図るコンシェルジュたちの姿勢はもちろん、ほかの仕事でも役に立ちそうな「ビジネスに対する取り組み方」が書かれていた。

もし、この日誌がビジネス書として出版されたら、仕事の進め方の参考になるのではないか。そんな思いから執筆したのがこの書籍だ。

子供からお年寄りまで幅広い年代の人、そして地方から東京へ遊びに来た人、海外から日本へ来た人など、様々な人から投げかけられる質問をどのように受け止め、疑問や悩みを解決、解消へと導くのか。コンシェルジュたちの仕事の流儀を読んでいただきたい。

なお、この日誌で登場するコンシェルジュたちの名前は仮名とさせていただいた。また、ショップの名前や場所、商品の情報などは、日誌に記載された当時の情報で、現在は移転したり閉店している場合などがあるので、本書を読んで「あのお土産を買いたい」と思った方は、必ずホームページなどで最新の情報を確認していただきたい。

東京駅コンシェルジュの365日――目次

第4章　忘れ物……129

第5章　難問……149

第6章　プロフェッショナル……191

インタビュー　コンシェルジュたちの素顔は／229

序章

ステーションコンシェルジュ東京の一日

日本の鉄道の中心に位置する東京駅は、ＪＲの東京駅と東京メトロ丸ノ内線の東京駅を合わせると、一日に約68万人の乗客が利用する巨大ターミナルだ。ＪＲ東京駅には６カ所の案内所があるが、そのなかで異彩を放っているのが、「ステーションコンシェルジュ東京」である。「コンシェルジュ」とはフランス語で、もともとはホテルなどで道案内や乗車券手配など行うプロのスタッフのこと。東京駅の場合、２０００（平成12）年、駅のなかで〝これまでにないインフォメーション・サービス〟ということで、インターネットを使用した案内所として誕生した。当時はインターネット自体、あまり普及していなかったので、質問されたことを検索して提供するだけでも、充分だったという。

それから20年。世は一気にネット時代。誰もがいつでもどこでもスマホを手にインターネットにアクセスし、情報を得られるようになった。その移り変わりのなかで、「ステーションコンシェルジュ東京」は、常に〝新しいサービス〟の姿を求めて試行錯誤してきている。その結果、今では一日平均５００件もの問い合わせがくるまでになった。まさに、巨大ターミナルを熟知した〝頼れるお姉さんたち〟なのだ。

彼女たちはどのようにして、プロ意識を醸成しているのだろうか。その秘密に迫るべく、一日の仕事ぶりを追ってみた。２０１９年８月９日金曜日、翌日からお盆休みが始まるという一日だ。

●朝の東京駅。コンシェルジュの一日が始まる

7時30分。丸の内口と八重洲口を結ぶ中央地下通路は、東から西へ、そして西から東へと移動する人たちであふれている。

東の八重洲方面のオフィスや、西の丸の内方面のオフィスへ向かう通勤の人たちだけでなく、大きなキャリーバッグを転がす旅行客が多いのが東京駅の特徴だ。八重洲方面に向かう人は新幹線に、丸の内方面に向かう人は横須賀・総武快速線地下ホームから発車する特急「成田エクスプレス」に乗車するのだろう。

この東西の通路のちょうど中間点、8番線、9番線ホームの真下あたりには中央地下通路が南北にも通っており、人のあふれる通路と交差している。「ステーションコンシェルジュ東京」は、この交差点に面した人通りの多い一角にある。

カウンターのシャッターはまだおろされている。この日は繁忙期のため、案内開始は午前8時からだ（通常は午前9時案内開始）。駅構内を行く人は目的の電車の発車するホームへと向かう人、近隣のオフィスなどに出勤する人と、目的の場所へと急ぐ人ばかり。

シャッターの前でオープンするのを待つ人はいない。

この日は、夏の高等学校野球選手権大会で関東のある県の代表高校の試合があるせいか、朝から高校の名前が書かれたTシャツを着た人たちが東海道新幹線ののりかえ口へ向かうエスカレーターにどんどん吸い込まれていく。

そんな姿を眺めているうちに、1人のコンシェルジュらしき女性がシャッターを開け始め、8時に案内が始まった。

●午前中に多いのはコインロッカーに関する問い合わせ

人気飲食店のように早朝から行列ができることはなかったが、シャッターが開くと利用者が続々と案内所に入っていく。カウンターにいる2人のコンシェルジュは、訪れる人たちの困りごとを次々と解決していく。

この時間帯でとくに目立つのは、大きなキャリーバッグを置いて話しかける人たちだ。

「午前中は、コインロッカーの場所を尋ねにこられるお客さまが多いです。とくに夏休みの期間になりますと、ロッカーの利用者が増えますので『空いているロッカーはどこにありますか』というお問い合わせが多いですね」(この日の午前担当、石井さん)

横須賀・総武快速線のコンコースに並ぶコインロッカー

この問い合わせを受けた際、コンシェルジュたちが活用するサイトが「コインロッカーなび」だ。
「Ｓｕｉｃａ対応のコインロッカーは、このサイトで空き状況を確認することができます。スマートフォンからも確認することができますので、駅でコインロッカーをお探しのときは便利です」(大村さん)

コインロッカーに関する問い合わせは通年で多いため、彼女たちは〝ロッカーの達人〟だ。実は東京駅構内には「比較的荷物を預けやすい場所」が２カ所あるという。

「地下を南北に通る通路の南の端に手荷物預かり所の『グランスタクローク』があります。ロッカーがいっぱいの場合でも、ここなら預けられることがあります。また、横須賀・総武快速線のコンコースにもコインロッカーがあります。こちらはＳｕｉｃａ

対応のロッカーではないので『コインロッカーなび』では調べられず、お客さまには『ここなら、現在のところ空いております』というハッキリとしたご回答はできないのですが、ロッカーの数が多いので混雑する時期でも空いている可能性が高いです」（石井さん）

このような「混雑する時期でも、ここなら空いている可能性がある」というデータはどこからか貰うものではなく、コンシェルジュたちが手の空いた時間に駅構内を巡回し、情報を蓄積して得られたもの。つまり、自分たちの足で稼いだ経験知なのだ。

●お盆休み直前。ATMの問い合わせも次々と

ロッカーに次いでこの時間帯に多かったのが、ATMの場所についての質問だ。「各地へ帰省する前に現金を手元に」と考えるためか、大きな荷物を抱えた親子がカウンターへやってくる。

ATMはすぐ隣にあるが、コンシェルジュは問い合わせを聞きながら、どこの銀行のカードなのかをしっかり確認している。隣のATMでは使用できないカードがあるので、種類をチェックしているようにも見えるが、それだけではない。利用者からのリクエストに応えるためには相手が困っていることの全容をしっかりと聞き出したうえで解決への方

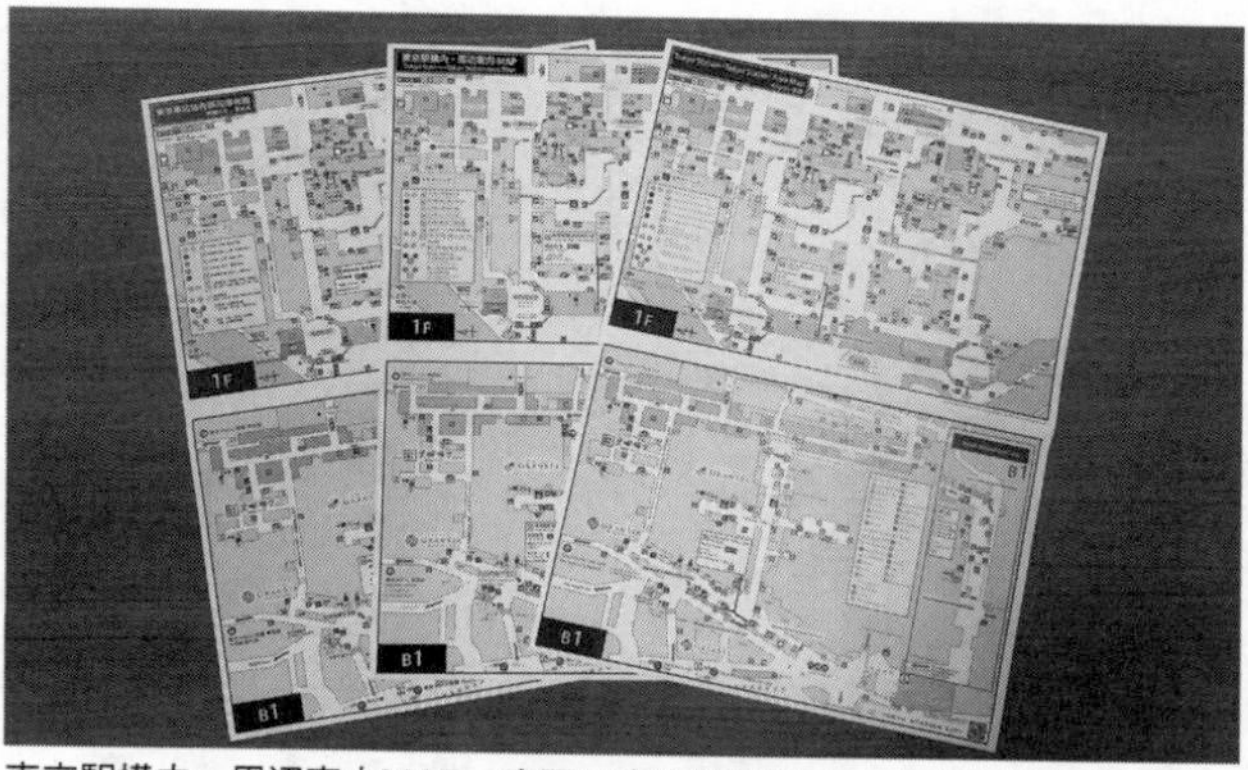

東京駅構内・周辺案内MAP。裏面は東京駅周辺MAPと東京観光路線図

向性を見つけ出すのが、彼女たちの流儀だ。

●3カ国語が用意されている東京駅構内・周辺案内MAP

コンシェルジュの座るカウンターの周囲には、様々な資料が用意されている。東京駅構内・周辺案内MAP／東京駅周辺MAP・東京観光路線図（日本語版・英語版・中国語版）、グランスタや東京駅一番街、八重洲地下街、大丸東京店などのショップがわかるフロアガイドなどは、利用者に渡せるよう大量にスタンバイ。さらに、美術館や博物館の現在の展示の情報や、官公庁の最寄り駅リスト、寺社仏閣への行き方をまとめた手作りのファイルが何冊も並ぶ。これらは、いわばコンシェルジュのノウハウ、教科書でもある。

一番使う資料は東京駅構内・周辺案内MAPだ。新幹線のホームに行きたい人、コインロッカーを探す人、お目当ての土産が売っている店を探す人に渡し、現在位置からの行き方を緑色の油性ペンで書き込みながら案内を進める。

「JR東日本の色ですから、この色のペンを使っているんです（笑）」

と、大村さんは微笑しながら話していたが、カラーで印刷された地図に書き込んでも邪魔にならないことから、この色が採用されたのだろう。

●ネームプレートを頼りにやってくる外国人の観光客

10時30分、1人のスタッフが加わり3人体制での案内となる。この時間になると通勤客の姿は少なくなったが、新幹線のホームへと向かう家族や、観光客の姿が目立ってきた。と同時にカウンターに訪れる外国人の数も増えてくる。

コンシェルジュたちが胸に付けるネームプレートには、話すことができる外国語がわかるように示されているので、それを見た観光客が気軽にやってくる。

10時56分、カウンターにて中国語でのやりとりが行われた。コンシェルジュは、ノートパソコンの画面を何度も見せながら、言葉を交わしている。そんなやりとりが4、5分行

3人体制で案内を行うコンシェルジュの皆さん

われた後、観光客と思われる方は笑顔でカウンターを去っていった。

「パンダのデザインの東京ばな奈を探しているようでしたので、販売している場所をご案内しました」(安田さん)

期間限定でバージョンの異なるものが発売されることの多い東京土産。言葉だけではなく目で見て確認してもらうことが、ショップのたくさん並ぶ東京駅の案内では大事なことなのだ。

●もうすぐ昼食タイム。弁当や土産を買う人も増えてくる

11時をすぎても中央地下通路の人の流れは絶えることがない。ただ昼食タイムが近づいてきたせいか、通路はもちろん、両サイドにあるショップで弁当や土産を買う人も増えてきた。そうなると増えてくるのが、「はっきりとは知らないんだけれど……」というものを尋ねてくる〝クイズ系〟の問い合わせだ。

たとえばこの日、困り果てた表情で土産店の場所を尋ねる人がやって来た。どうやら実家から「この前テレビで見たチーズケーキが美味しそうだったから買ってきて。東京駅で売っているって言ってたから」と、言われた土産用のケーキを探しているらしい。

実家の方は、「駅のお土産売場なんて、そんなに大きくないし、チーズケーキを売る所なんて1、2店しかないだろうから、すぐに買えるだろう」と思って頼んでいるのだろう。ところがここは、日本一のターミナル駅・東京。土産用のチーズケーキを販売する店など改札内外に何店舗もあり、店をしらみつぶしに巡るとなると1時間以上はかかってしまう。そうなれば、目的の列車には到底間に合わない。

●難易度の高いクイズ系の質問も難なくクリア

新幹線の発車時刻が迫るなか、ワラにもすがる思いでやって来た人たちに、担当のコンシェルジュは質問を投げかけていく。

「いつ頃テレビでご覧になったと話されていましたか」

「ケーキの形は」

「パッケージの色は」

「お店の名前に『&』って言葉が入っていましたか」などなど。

出てきた回答をヒントに、思い当たる店の商品をノートパソコンで画像を検索。ヒットした画像と、店の名前を告げていく。その画像を写真で実家に送信して確認する。探し始めてからわずか3分での解答はお見事。相談者が笑顔で去っていった。

「朝の情報番組や、夕方のニュース番組で東京駅の特集が放送されているのを見たら、スタッフ全員で内容を共有できるようにしています。今回は、たまたまその共有ファイルにあったお店だったので、すぐに見つけることができました」（大村さん）

役に立ちそうな情報は、どんなものでも集め、すぐにチームで共有する。そういった情報収集力とチームワークもステーションコンシェルジュ東京には大切な要素なのだ。

「クレープみたいな包んであるお菓子で、銀の鈴のあたりにあるものは」

「ナントカ街の水羊羹のお店の名前は」

「バラの形のチョコってどこにあるの」

その後も、たくさんの方が難易度の高い〝クイズ〟を出題してきたが、コンシェルジュはその難問を次々とクリアしていった。

ちなみにテレビ番組で一番反響があるのは、マツコ・デラックスさんが出演する番組だとか。東京駅や駅周辺で販売されているスイーツや駅弁をマツコさんが褒めると、お客さんからの問い合わせがどっと押し寄せるという。

「マツコさんの番組のチェックは欠かせないですね」（安田さん）

●すべての質問と対応をデータ化

13時をすぎると「見回りしてきます」と言って、3人のうち1人がカウンターから姿を消す時間帯。飲食業界で言うところの「10番入ります」同様、トイレのことを指す隠語かと思い聞いてみると……。
「行列のできる人気店のお菓子は、早ければこの時間に売り切れてしまっている所もあります。そのため、定期的にお店を回って、人気商品の残りがどのくらいあるのかを確認して、お客さまへの情報提供に役立てています」（石井さん）
この日はお盆休み直前。中央地下通路は14時をすぎても混雑しているとはいえ、午前中ほどの混み具合ではなくなった。カウンターにやってくる人が途切れる時間も出てきたが、

資料とネットを駆使して案内するコンシェルジュ

コンシェルジュたちはノートパソコンに向かって文字を打ち込んでいる。

「本日、問い合わせがあったご質問と、私たちがそれに対してどう回答したのかをファイルにまとめる作業をしています。ご質問は、今日のような多い日は1日1000件近くありますが、すべての質問と対応をデータ化して、全員で共有することで案内の質の向上につなげています」(安田さん)

●2泊3日で富士山を見て京都に行きたい？

14時すぎ、外国人の方がやって来た。彼女たちはこれまで、どんなに長くても5分以内で利用者の困っていることを解決していたが、10分経過してもまだ終わらない。東京観光路線図やパソコンの画面を見せながらやりとりすること15分。ようやく終わった。何が起こっていたのだろう。

「『新大久保とか新宿とか渋谷みたいな、若者の集まる場所でおすすめの店とかスポットってありますか』と仰っていたので、いつ遊びに行く予定なのか、時間は何時間ぐらいとれるのか、ご趣味は何なのかを伺って、『新大久保だったらこのお店、新宿ならここ、渋谷はこんな感じで回ったらいかがでしょうか』ということをお話ししていたので時間がかかりました」（石井さん）

このような「おすすめの場所ありますか」というような漫然とした問い合わせは、よくある質問のタイプだという。この場合、それぞれのコンシェルジュが自分で東京巡りをして見つけた「おすすめコース」を勧めている。つまり、ここでも決め手は〝自分たちの足〟でつかんだ情報だ。そして「新幹線の時間まであと3時間あるんだけど、2時間ぐらいで回れるいい場所は」とか「夜景が綺麗な場所は」「電車の時間まで、どこかで温かいものが食べたい」といった、時間の過ごし方の要望にも応えている。なかには「富士山を近くで見たい。あと京都に行きたい。2泊3日で。どう回ればいいかな」と、観光のプランを尋ねる海外からの観光客もいるのだとか。こうなると駅の案内人というよりは、旅行会社のベテラン窓口担当者である。

●東京駅は夏休みの自由研究に格好の場所らしい

15時20分。カウンターにやって来たのは小学生の男の子と母親。男の子がカウンターのテーブルにノートを広げると、コンシェルジュに元気な声で尋ねた。

「夏休みの自由研究で、東京駅の中をいろいろ回っています。ノートに書いてあるのが、僕の行った所です。ほかに見ておいたほうがいい場所はありますか？」

ノートには、開業時から使用されているホームの支柱や、0キロポスト、原首相や浜口首相の遭難現場など、東京駅構内の歴史スポットがびっしりと記されていた。ノートを一とおり見た後、コンシェルジュは八重洲地下街にあるヤン・ヨーステン記念像に行くことを勧めることにし、フロアガイドにおおよその場所を書き込み、男の子に渡した。これで、きっと「八重洲口」の名の由来を知ることができるだろう。

ヤン・ヨーステン記念像

このように、夏休みは東京駅を自由研究の対象にして質問しにくる子も毎年のようにいるそうだ。それにしてもパラリとノートを見ただけで、行くべき場所を即答できるとはさすがである。

●迷子の相談もコンシェルジュの元へ

16時。朝から勤務していた石井さんが退き、再びカウンターは2人体制に。この時間になるとカウンターを訪れる人が少なくなる。普段は東京駅を利用しない帰省客の数は減り、17時くらいから始まる夕方のラッシュタイムまではあと1時間。そんなわけで、コンシェルジュたちは問い合わせ内容をパソコンに打ち込んでいる。そして1人が人気スイーツ、売れ筋駅弁の在庫チェックに出かけようとカウンターを離れたそのとき、通路から子供を呼ぶ女性の声が聞こえ、すぐに案内のポジションに戻って来た。

しばらくすると、先ほどの声の主がコンシェルジュの元に。子供とはぐれてしまったらしく、構内放送で呼び出しをしてほしいと依頼してきた。

呼び出しの放送が流れると、母親は呼び出しで指定した改札口へと向かった。ところが子供は現れなかったようで、その後、改札口とコンシェルジュカウンターの間をウロウロ。3回目の呼び出しを依頼した後は、母親の姿も構内放送もなくなってしまった。おそらく無事に会えたのだろう。

普段なら改札の係員から、「あの迷子の放送の方、見つかりました」と連絡がくるそうだが、今はお盆前の混雑する時期。ピークの時間帯より空いているとはいえ、普段の平日より混雑している。改札の業務で手一杯で内線電話を掛ける余裕がない日は「見つかりました」の連絡はないという。また、お客さんも、乗る予定の新幹線の発車時刻が迫っているなどの事情から「見つかりました」と言いにくる人は少ないという。

普通の感覚なら、「見つかったのかな」と心配したり、「見つかったら連絡をくれてもいいのに」と怒りたくなるものだが、コンシェルジュたちは、駅構内の様々な事情を熟知しているので、「放送もなくなったことだし、見つかったんだろうな。よかったよかった」と、前向きにとらえるようだ。

●駅構内で働く人にも頼りにされるコンシェルジュたち

迷子問題が一段落し、再び１人が在庫チェックに向かおうとしたとき、今度はグランスタのショップのスタッフがお客さんを連れてやって来た。

「こちらのお客さまが、改札のなかにある『ユニクロ』の場所を知りたいというので、お連れしました」

ちょうど在庫確認に出るタイミングだったので、コンシェルジュの1人は、そのお客さんと一緒にユニクロへ。その足でそのまま在庫チェックをすることとなった。「困ったときにはステーションコンシェルジュに」という認識は乗客だけではなく、駅構内で働く人たちの間にも根づいているようだ。

●夕方。奥さんから頼まれた土産を探す男性も

17時をすぎると、キャリーバッグを転がしながらショップの場所を尋ねにくる男性が増えてきた。おそらく奥さんと子供は先の新幹線で帰ったか、あるいは実家から頼まれていた土産を買いそびれたのだろう。ほとんどの人がカウンターでスマホを出し、奥さんとのLINEのやりとりを見せて、「これが欲しいのですが」と話している。なかには、電話で商品名を聞いたのか、よくわからないカタカナが羅列されているメモを取り出す人もいる。さすがにそれは案内できないだろうと思っていると「すみません。この文字、一度お客さまのほうで読んでもらえますか」とお願いし、男性の言葉のふんわりとしたニュアンスから見事に商品名を探り出し、店の場所を案内していた。

さらに「四角くて細長いチーズ」のヒントだけで、チーズを挟んだクッキーを探り当て、「しょっぱいラスク」の一言で、「それでしたら……」と、店の候補をすぐに絞り込み、パソコンで商品画像を見せ、1分ほどで店を当てるなど、素早い対応を繰り返すコンシェルジュたち。経験知と足で稼いだ情報の質と共有ぶりはすごい。見ているこちらは感心の言葉しか出てこない。

●18時50分。コンシェルジュの長い一日もようやく終わりが

18時50分。土産の問い合わせで混雑していたカウンターも、だいぶ落ち着いてきた。本日の案内業務も残り1時間ちょっと。2人のコンシェルジュたちは本日の問い合わせ内容をノートパソコンに打ち込んでいる。グランスタにある土産店や弁当を販売する店はまだ営業しているが、人気の土産や話題の駅弁が売り切れ、人通りが少なくなってきた。やがて博多行き最終の「のぞみ」が発車し、「はやぶさ」の新函館北斗行き最終の出発時刻も近づいている。ステーションコンシェルジュ東京の長い一日も、ようやく終わりが近づいてきた。

後に知ったことだが、この日はお盆休み直前の金曜日にあたり、なんと問い合わせ件数969件と、この夏で一番多い一日となったそうだ。

第1章　迷子

日本を代表する駅と呼んでも過言ではないＪＲ東京駅。そこには新幹線をはじめ、多くの路線が乗り入れている。プラットホームは地上と地下にある。地上ホームには、東海道・山陽と東北・山形・秋田・北海道・上越・北陸の各新幹線をはじめ、在来線の中央・山手・京浜東北・東海道・上野東京ラインと、数多くの路線の列車が行き交う。地下ホームは2カ所にあり、それぞれ横須賀・総武快速線と京葉・武蔵野線の列車が発着する。地下には東京メトロ丸ノ内線の東京駅もある。

立体的に重なるプラットホーム、延々と広がる地下通路、ひっきりなしに行き交うたくさんの人……。そんななかでよく起こるのが迷子のトラブルだ。カウンターにワラにもすがる思いでやってくる人たち。不安の表情、焦りの表情、いつ涙がこぼれてもおかしくないシワくちゃな表情。様々な面持ちの人に対して、コンシェルジュたちはどのように接しているのか。まずは、巨大ターミナルで起こる迷子の相談例を見てみよう。

この10年で多発？　スマホ時代の迷子探し

携帯電話の普及で大きく変わったのが、駅構内での待ち合わせ。当人同士でリアルタイムにやりとりができるツールの普及により、銀の鈴などのスポットに行かなくても「東京駅に着いたら電話やメールで」待ち合わせは可能となった。それゆえに、便利になりすぎたことが原因のトラブルが増えているようで……。

■肝心の連絡ツールが
2018年9月15日／C番：石井

「人探しってできますか」と、まるで探偵への依頼のような問い合わせが舞い込んできました。お客さまは、20代前半の可愛らしい女性でした。どんな内容かとドキドキしてしまいますが、お連れさまとはぐれてしまったそうです。

20代の女性なら携帯電話を持っているのではないかと思い、お伺いすると、その携帯電話はお連れさまが持っているそうです。よく見ると、お客さまはバッグも持っていらっしゃいませんでした。ふとしたタイミングではぐれてしまったのでしょう。

駅員の方に放送依頼をすると、すぐに、お連れさまがいらっしゃいました。構内放送の依頼は、迷子や携帯電話を持っていないご高齢の方が多いのですが、今回のようなケースがあると、やはり便利だなと感じました。携帯電話でのやりとりよりも、構内放送を聞いて再会するほうが、感動するような気がするのは気のせいでしょうか。

携帯電話がある、スマホがある、と思って安心していると陥ってしまうのがこういったパターンの迷子。呼び出し放送の依頼のなかには、スマホのトラブルが原因のものが多いという。

■電話が通じない
２０１８年11月15日／Ｃ番：大村

本日19時頃、お土産の袋と荷物を両手に抱えた女子中学生が１人でカウンターにいらっしゃいました。

「買い物をしていたら、お母さんとはぐれてしまいました……。呼び出し放送はできますか」

グランスタのおやつエリアで買い物中、お母さまがお会計されるまでおやつエリアの外で待つように言われたそうです。しかし、時間がたってもお母さまは現れず、スマートフォンでメールや電話をしても連絡が取れないとのこと。待ち合わせ場所をコンシェルジュに決め、駅員の方に呼び出し放送を依頼しました。お客さまはこの後、お母さまと新潟まで新幹線でお帰りの予定だそうです。

しかし、放送後10分以上待ってもお母さまはカウンターにいらっしゃいません。再び放送依頼しました。お客さまと一緒にお母さまを待っていると、お客さまのお祖母さまよりお客さまのスマートフォンに連絡が来ました。驚くことに、お祖母さまの携帯にお母さまから連絡があったそうです。

お母さまは新幹線のりばのお手洗いにいらっしゃるそうです。上越新幹線ののりばは北と南に分かれています。確認すると、北のりかえ口側でお待ちであることがわかりました。

お客さまに北のりかえ口をご案内すると「本当にすみません。ありがとうございました！」と、真っ先に新幹線のりかえ口へ行かれました。

無事にお母さまとお会いできたことを願います。

携帯電話やＷｉ－Ｆｉの電波の状況が少し悪かっただけで起こってしまった迷子トラブル。誰にでも起こり得るので恐ろしいことだ。

■大事なものが壊れた
２０１９年１月１日／Ｄ番：安田

朝の早い時間に「スマートフォンが壊れちゃって友だちと連絡が取れないの。どうしたらいい」と、今にも泣きそうな表情で外国人の女性がいらっしゃいました。お話を伺うと、お客さまは横浜駅から在来線でいらっしゃったそうですが、なんと東京駅のホームで誤ってスマートフォンを地面に落としてしまったとのことでした。スマートフォンを確認すると、無残にも画面がひび割れており、ＬＩＮＥのアプリ画面がついたり消えたりしていました。「友だちは福島から新幹線で来て、もう着いているはずなの。でも初めて東京駅に来たから迷ってると思うの……」と仰いました。

駅員の方へ放送を依頼した後も何度も何度もコンシェルジュのカウンターにおいでになり、その度に放送を依頼しましたが、お待ち合わせ場所にご友人は現れません。一体どうしたら……と考えていると、「パソコンを貸し出してくれるところはある？」とお客さまが仰いました。ネット環境を利用して連絡を取りたいとのことでした。

少し遠くてもいいので、インターネットカフェを教えてほしいと尋ねられたため、さくら通りにある「カスタマカフェ八重洲店」へ本日も営業しているか確認すると、通常どおり営業しているとの嬉しい回答をいただきました。

「本当にどうもありがとう」と仰るお客さまの背中を見ながら、今年はいい年になりますように、と思わず心のなかでエールを送りました。

頼りにしていたものが、突然なくなってしまう。そんなときでも、構内放送を依頼し、他の連絡方法を考え、そしてコンシェルジュを頼るといったことができる。泣きそうな表情でやって来たというが、この女性の対応力は、コンシェルジュ並に高いといえるだろう。

■名前がわからない
2017年4月3日／C番：石井

呼び出し放送をしてほしいと、10代の女性がいらっしゃいました。相手のお名前をお伺いすると、「ちょっと待ってください」と、ご自身のスマートフォンで何かを探されました。しかし、情報を見つけられなかったようで、「ちょっと変な話なんですけど……、あだ名で呼んでいて、あだ名しかわからないんです」。もちろん理由などは訊けませんが、どのようなご関係か気になってしまいます。その後、再びスマートフォンで何かを探されたようで、「あ！　わかりました」と、本名をお伺いできましたが、本名とあだ名が似ていなかったので、ますます気になってしまいました。

無事にびゅうスクエアでお会いできたお2人は、とても仲がよさそうで、再会を喜んでいらっしゃいました。様々な方が利用される東京駅は、本当に色々な出来事があります。

今の時代は、SNSもネットゲームも、ハンドルネームを使うのが当たり前。仲間内では普通に使えるけれど、もしもこういう場面で、「お客さまのお呼び出しを申し上げます。

神奈川県からお越しの、ピッコリーナさま」なんて放送されたら……。会うことになったら、念のため、お互いの本名は知っておいたほうがよさそうだ。

捜索の範囲は東京駅だけではない

ほとんどの場合は、駅の構内放送を使って相手を呼び出すことで終了する迷子トラブル。しかし、ときには東京駅の構内放送だけでは解決しない問題もあるようで……。どんな要望にも可能な限り応えるコンシェルジュの守備範囲は、東京駅だけではありません。

■お父さんの居場所は
2018年6月24日／A番：沢田

「お父さんとはぐれてしまった。まだ山手線に乗っていると思う」。インドネシアよりいらっしゃったお嬢さまと奥さまが助けてほしいとカウンターにいらっしゃいました。

山手線に日暮里《にっぽり》駅から乗車したお客さまたちは神田駅で降りた際、お父さまだけ見当たらないことに気づかれたそうです。東京駅にいらっしゃったのは、きっとお父さまを追いかけて後続の外回り電車に乗られたためでしょう。

東京駅～新橋駅間の構内呼び出し放送を依頼しましたが反応はなく、十数分たった頃に、京急線品川駅の係員の方からお嬢さまの携帯電話に連絡が入りました。係員の方に電話でお話を伺うと、京急線とＪＲ線とののりかえ改札にお父さまがいらっしゃるとのことで、お嬢さまと奥さまは品川駅へと迎えに行かれました。

異国の地でご家族とはぐれてしまい、不安でたまらなかったことでしょう。このご家族は英語でコミュニケーションをとることができるのが10代と思われるお嬢さまだけでした。言葉が通じない不慣れな場所での迷子、怖かった思い出だけではなく、今後のご旅行時に役立つ気づきも一緒に経験されたのではないかと思います。

業務日誌には、「東京駅～新橋駅間の構内呼び出し放送を」と書かれているので、状況

を考えると、東京駅だけでなく、有楽町駅や新橋駅でも、英語による呼び出し放送を行ったと思われる。各駅に英語を話せるスタッフを配置するのは、当たり前の時代なのだ。

■はぐれた場所は小田原？
２０１８年２月25日／Ａ番：石井

　連れのお祖母さまとはぐれてしまったというご夫婦がいらっしゃいました。何度も呼び出し放送をしているそうですが、お会いできないそうです。コンシェルジュからもう一度駅員の方へ放送依頼をしたところで「実は……」と、お話が始まりました。

　お祖母さまとは、東京駅ではぐれたのではなく、出発された小田原駅ではぐれてしまったそうです。小田原駅から東京駅までの東海道新幹線のきっぷは、それぞれご自身でお持ちでした。東京駅から北陸新幹線に乗車する予定で、北陸新幹線のきっぷはお祖母さまの分もご夫婦がお持ちでした。北陸新幹線は指定席で、出発の時刻も迫っていたため、ご夫婦は、お祖母さまも新幹線に乗って、東京駅にいるのではないかと思い、小田原駅から東京駅へいらっしゃったそうです。しかし、東京駅で会えなかったため、小田原駅にまだいるのか、それともご自身で北陸新幹線のきっぷを買って、北陸新幹線の車内にいるのかと可能性が広がります。

その事情を駅員の方へお伝えすると、ひとまず小田原駅での呼び出し放送を依頼してくださいました。すると数分後、小田原駅にお祖母さまがいることが判明しました。ご夫婦のほっとされた表情に、こちらも安心いたしました。いるかもしれないという範囲が広いと、心配の度合いも増します。見つかった後も、お祖母さまとご夫婦は直接お話しはできませんでしたが、その後に乗る電車や待ち合わせ場所を詳しく指定したりと、東京駅と小田原駅の駅員同士で細かくやりとりをしていただけました。その細かいやりとりにとても安心して、お客さまをご案内することができました。

東京駅から、小田原駅に呼び出しの放送依頼ができるとは……。しかも、コンシェルジュのカウンターは東京駅のＪＲ東日本のエリアで、小田原駅の在来線ホームはＪＲ東日本だけど、新幹線ホームはＪＲ東海の管轄。ＪＲ東日本と東海の２社が複雑に絡み合う案件でも、スムーズに呼び出しができるＪＲの連携力には感心する。

泣き出しそうな子供には

親とはぐれてしまった子供は、お父さんやお母さんを探すことよりも、自分が1人ぼっちになってしまったことに対する不安で我を忘れて泣いてしまいがち。そんな不安モードに入ってしまうと、子供の名前や、どこではぐれてしまったかという大事な情報を聞くことができない。そんなことにならないため、コンシェルジュたちが用意しているものは……。

■魔法のサンバイザー
2018年8月5日／A番：西川

迷子のお子さまを2人ご案内しました。1人目はショップスタッフの方とこられた6歳の女の子でした。

目をウルウルさせ、今にも泣き出しそうでしたが、「誰とどこから来たの」と伺うと、涙をこらえながら一生懸命「お母さんと……神奈川から来ました」と教えてくれました。

さっそく駅員の方へ構内放送を依頼しようとしたそのとき、女の子のお母さまがいらっしゃり、思いのほかすんなりと解決しました。

ほっとするのもつかの間、2人目の迷子のお子さまがいらっしゃいました。今度は1人目の女の子よりも小さな4歳くらいの男の子でした。不安で終始涙が止まらず、嗚咽でなかなか名前を聞き出すことができません。落ち着くまでずっと話しかけ、ようやくお名前や同伴者について聞き出すことができました。

駅員の方に構内放送を依頼している間も、なかなか涙が止まらないご様子でしたが、改札口で配布しているピカチュウのサンバイザーを、そばにいた安田さんが手渡すとピタッと涙が止まりました。さすが人気者のピカチュウ、泣く子も黙ります。

その後、構内放送を聞いたお父さまがお見えになり、無事に男の子は家族の元へと帰っていきました。夏休み期間中が終わるまでは、迷子のお問い合わせも増えると思いますので、少しでもお子さまの不安がなくなるよう、接し方も工夫したいと思います。

改札口でピカチュウのサンバイザーを配っているのを見て、子供がやって来たときに役

立つと判断し、あらかじめもらっておく。そんな対応力がコンシェルジュのすごさだ。

■キャラクターグッズは無敵
2018年12月24日／A番：安田

「迷子みたいなんです」と仰った「ルタオ」の催事スタッフの方の視線の先には、今にも泣き出してしまいそうな表情でこちらを見ている外国人の女の子がいらっしゃいました。

名前や出身地をお尋ねすると、オーストラリアからこられた9歳の女の子でした。駅員の方へ電話を掛ける際、今連絡するから待っていてね、とお伝えすると大きくうんうんと頷いていていましたが、やはり心細いのか下を向いてしまいました。

何か喜んでいただけるものはないかと、思いついたのはコンシェルジュで配布している電車のシールと銀の鈴のキャラクター・鈴野くんの油取り紙です。女の子の前のテーブルに置くとしゅんとした表情に少し笑顔が戻ったため、ほっとしました。

駅員の方へ連絡をし、構内放送を待っていると女性が駆け足でカウンターへ入って来ました。すると女の子が「ママ！」と女性に抱きつきました。

まさにドラマを見ているような気持ちになり、ついほろりとしてしまいました。今回のことも笑い話にしていただけるくらい残りの滞在も楽しんでいただけたらと思います。

「子供たちの喜びそうなものはたくさん準備しておいたほうがいい」ということを長年の経験から得ているのか、コンシェルジュのカウンターには、子供が喜びそうなアイテムが常に仕込まれている。

どうしようもなく困ったときは

駅のホームがわからない、待ち合わせ場所が見つからない、迷ってしまいどうしようもない、などの場合は、コンシェルジュたちが直接アシストすることも。ただし、混雑しているときには複数名のスタッフがいても、対応できない場合もある。あくまでもケースバイケースの対応だ。

■電話代わって！

２０１８年11月17日／B番：大村

午前中、女性のお客さまより「びゅうスクエアはどこですか、改札外ですか」とお尋ねいただきました。

お客さまは、新幹線で新大阪からくるお友達とびゅうスクエアで待ち合わせされているそうです。カウンターを出るとすぐ先にびゅうスクエアがあることをお伝えすると、すぐにお客さまがカウンターに戻っていらっしゃいました。お客さまはスマホを使って、お友達の方と電話中です。そして「電話を代わって欲しい」と仰いました。

お友達の方とお話しすると、現在「バースデイ・ミニ・バー」の前におられるとのこと。「この近くに地下南口も中央も北も改札があるのですが、まずどの方面に行けばよいですか」とお友達の方。そこで、丸の内地下中央口まで行き、その先に続く坂道をまっすぐお進みいただくようお伝えすると、「今、横に『マンゴツリーキッチン〝ガパオ〟』が見えます」とのこと。お友達の方が近くまでいらしていることがわかると、少しほっと安心しました。

「もうすぐ、総合案内所の目印が見えてきます」。通話をしながらお待ちしているとカウンター前にお友達の方が。

お待ちのお客さまとお友達の方がようやくお会いできました。「本当久しぶりだね〜」と、笑みを浮かべながら再会を喜ばれるお2人の姿を見ることができ、嬉しく思いました。

「目の前に何が見える？」と会話をするのは、待ち合わせのときによくあること。そして、それを言われたとき、どこにいるのかが把握できないこともよくあること。東京駅でそんなことがあったら、コンシェルジュに相談するのも一つの解決方法だ。

■はるかなる地下5階
2018年10月25日／B番：高橋

コックコートを着た男性スタッフの方が「助けてあげてください」と、外国人の女性のお客さまとカウンターへお越しになりました。

お客さまの顔はぐったりしてかなりお疲れの表情をされておりました。大丈夫ですかとお声掛けをすると、手のなかから握りしめてボロボロになった「成田エクスプレス」の乗車券が。

「成田空港へ行くので何度も地下5階へ行こうとしてもたどり着かないの。地下5階なのはわかってるの。何度もトライしたのよ。もう限界、こんなに大きな荷物もあってどうしたらいいの。助けて」と、顔をカウンターへ伏せてしまいました。

荷物が多いのでエレベーター利用で行き方をお伝えしますと、疲労困憊のようで、「1人では行けない！　もう嫌な気持ちになるのは嫌なの。具合まで悪くなってきたわ」と。「一緒に行きましょう」と声を掛けますと、こわばっていたお客さまの顔が少し緩んだのがわかりました。不安でたまらなかったのだと思い、なんだか申し訳ない気持ちになりました。

どこからお越しになられたのか伺うと、ブエノスアイレスから1人でお越しになったそうです。この後13時間かけて成田から帰るそうで、最後にこんな思いをして本当に辛かったという言葉を聞き、「東京駅は広く場所がわかりづらくてごめんなさい。日本での楽しい思い出を忘れないでください。またお待ちしています」と声を掛けると、やっと笑顔で「大丈夫よ、ごめんね」と笑顔を見せてくれました。

最後にお客さまの笑顔を見ることができたのは私にとって救いでした。この後も無事にお帰りいただけたことを願うばかりでした。

成田空港行きの「成田エクスプレス」が発車するホームは、横須賀・総武快速線の３番線と４番線。ホームには「地下３」「地下４」と表記されているが、「地下」の文字が小さい。おそらく「地下５階の３番線」と言われ、京葉・武蔵野線のホームなどにも行き、疲れ果てたのだろう。

子供たちに癒されます

不安で泣き出して、どうしようもなくなった。そんな子供たちのエピソードばかりをこれまで紹介してきたので、ここでは、子供たちの笑顔に癒されるホッコリするお話を紹介。

■お茶目な女の子
2017年4月15日／C番：大村

お父さまと東京駅へ来たという、4歳の元気でお茶目な女の子がカウンターへやって来ました。コンシェルジュ前の自動販売機に何度もかくれんぼをしてこちらをちらりと覗いています。駅員さんの真似なのでしょうか、両手をお顔にかざして、ずっと見てきたりもします。人気の「TSCシールブック」を見せると、勢いよく来てくれました。

カウンターでドレミの歌を歌ったり、手でハートを作ってみたり、「プリキュア描いて！」などと愛嬌たっぷりな子でした。

カウンターにいるときは、緊張感で少し表情が固くなることが度々ありますが、この子のおかげで、帰った後、リラックスしてお客さまへご案内できたので、本日はこの子との出会いに感謝です。

■1歳くらいの男の子
2019年1月22日／A番：西川

1歳くらいの男の子を連れたご夫婦より、「八重洲地下街のセブン-イレブンまでの行き方を教えてください」と、お問い合わせいただきました。

八重洲地下街のフロアガイドを用いてご案内した後、ふと男の子の手元に目線を合わせると、リアルな新幹線のフォトシールをギュッと握りしめていらっしゃいました。

「既にお持ちのようですが、よろしければお子さまに電車のシールをお渡ししておりますのでお持ちになりませんか」と、コンシェルジュでお渡ししているシールを差し出すと、お子さまは手に持っていたシールを手放し、食いつくように電車のシールを受け取ってくださいました。

その様子を見ていたお父さまが、「なんで持ってたシールを置いちゃうのよ」と、絶妙なタイミングでツッコミをいれていらっしゃり、思わず笑ってしまいました。帰り際もずっと色鮮やかなイラストシールを凝視されている小さなお客さま。よく「お客さまは神さまだ」というフレーズを耳にしますが、こちらのお客さまの愛らしさは、神さまというよりも天使という表現がピッタリでした。

■小学生と幼稚園児の兄弟

2019年3月22日／B番：高橋

固い表情をされた、小学生と幼稚園児らしい男の子が手をつなぎカウンターへやって参りました。お子さま2人でいらっしゃり、周りに大人の方がいらっしゃる気配がなく、「迷子かな……」と、声を掛けようとしましたところ、小学生のお兄ちゃんより、「すみません！　本屋さんはどこですか」と、お問い合わせをいただきました。

お兄ちゃんは背格好からすると小学3年生ほどでしたが、しっかりとした大きな声で、お問い合わせをしてくださいました。

案内MAPを利用し、ゆっくりと線を引きながら、本屋の場所までご案内をしますと、「ありがとうございました」と、またしっかりとした挨拶をしてくださいました。幼稚園児の男の子は終始お兄ちゃんの手を握り、しっかりとした受け答えをするお兄ちゃんをじっと見つめておりました。

経路を記載した案内MAPをしっかりと持ち、カウンターを後にする2人の後ろ姿を見送っていますと、お母さまがスーッと現れ、「よくできたね。ママ見てたよ。自分で聞けたね」と、お兄ちゃんを褒めていました。褒められたお兄ちゃんは嬉しそうにお母さまに笑顔で返事をしていました。

カウンターからその様子を見ていた私にお母さまが気づき、思わず2人で微笑んでしまいました。

第2章　構内

1914（大正3）年に開業。100年以上たった現在も、グランスタがオープンしたり、連絡通路の改良などを行って変化を続けている東京駅は、まるで長い間この地に根を張る巨大植物のようだ。

進化し続けるこの駅のコンシェルジュカウンターでよく訊かれるのは、「ホームの位置は？」や「次の電車の発車時刻は？」といった列車に関する直接的な質問だけではない。「銀の鈴はどこに行った？」や「あの事件が起こった場所ってどこ？」といった駅の設備や歴史についてなど、東京駅そのものについての質問もある。

この章では、そんな「東京駅についていろいろ知りたい」という質問と、彼女たちがどう対応したかについて紹介する。なぜステーションコンシェルジュ東京が他のインフォメーションと違う案内所なのか、この章を読めば見えてくるだろう。

東京駅にはこんな施設も

エキナカや改札口周辺には、土産や弁当の販売店以外にも、「それって駅に必要なの」とさえ思えるショップがそろっている。コンシェルジュたちは、そんなかゆいところに手が届くサービスを行う店の情報を把握し、案内に活用している。

■服が汚れたときは
2017年5月8日／A番：西川

4月27日に、グランスタ丸の内の北エリアにはクリーニング店の「白洋舎」が出店しています。今まで駅構内や周辺にはクリーニング店がなかったので、この店舗のおかげで、さらに便利になりました。

本日9時30分頃に、男性のお客さまから「クリーニング店はありませんか」というお問い合わせをいただきました。

営業時間前でしたが、お客さまのご希望により店舗の場所をお伝えすると、「即日クリーニングはやっていますかね」と、続けてご質問を受けました。

残念ながら営業時間前だったため、ご案内中には確認が取れなかったのですが、後ほど確認を取ると、最短でも2日はお日にちをいただいているとの返答をいただきました。また、日曜日は工場がお休みのため土曜日に衣類を預けた場合は最低でも3日はかかってしまうようです。

観光客のお客さまよりは、近隣のオフィスビルにお勤めの方向けの店舗のようです。

東京駅にクリーニング店があるのは驚き。コンシェルジュの指摘のように、東京駅近くで働く人がスーツやワイシャツを出すのだろうか。それとも皇居ランをする人が使用するのだろうか。

■スマホ時代に求められる場所

2017年5月11日／C番：大村

よくあるお問い合わせのひとつに「コンセントが使えるところ」があります。今までは、改札内ですとグランスタの「ブルディガラエクスプレス」「ブランジェ浅野屋」、そしてエキュート東京内のフリースペースの計3カ所でした。

4月27日からオープンした「ファイブクロスティーズコーヒー」は、テーブル上、さらにテーブル下にコンセントが設置されています。いつも比較的落ち着いた雰囲気で席数も豊富なため、お客さまへご案内すると喜んで行かれる方が多くいらっしゃいます。

なかでも、「新しくきれいなお店ですよ」とご案内すると、「そうなんですね」「行ってみます」と、ニコリとされる女性のお客さまが多いです。お客さまのご利用目的やお好みに合わせて、お店をご案内していければよいなと思います。

日誌が書かれてからおよそ3年。現在、コンセントに関する問い合わせの頻度は、以前にも増して多くなっているだろう。

■子供と一緒に旅する人は知っておきたい
2017年7月30日／C番：石井

「子供用の便座があるトイレはありますか」と、お母さまがいらっしゃいました。小さな男の子も一緒です。

八重洲地下中央口手前のベビー休憩室内にあったのですが、現在はご利用いただけません。駅員の方に電話確認すると、北のりかえ口内ベビー休憩室に隣接した多目的トイレと地下京葉線のりばのベビー休憩室に隣接したトイレのみにあるという回答でした。地下京葉線のりばは10～15分ほど歩かなければなりません。さらに、北のりかえ口内の多目的トイレは、通常どおり入場券または新幹線のきっぷが必要とのことでした。

お母さまもお子さまも不満などは口にせず、お帰りになりましたが、お子さま用の設備がもう少しあれば便利だと感じました。

中央地下通路のトイレはその後改装され、現在はステーションコンシェルジュ東京の近くに設置されている。

■こんなことも改札内でできるのだ
2017年8月17日／E番：西川

「書類を郵送したいんだけど、新幹線の時間まであまり余裕がないんです」と仰る女性のお客さまをご案内しました。

ご乗車予定の新幹線の発車時刻まで、残り約10～15分。改札外にある最寄りの郵便局へ向かっても、手続きの時間を考えると間に合わない可能性がありました。

「クロネコヤマトが入ってなかったかな。そこで送れないかな～」

お客さまのつぶやきをヒントに、グランスタクロークへ確認してみました。すると、メール便は取り扱っていないものの、宅配便で書類を送ることは可能であることがわかりました。ただし、書類の内容によっては、配送できないものもあるそうです。

お客さまは東京駅へいらっしゃる前に、新宿駅で必死にメール便が送れる施設を探したそうなのですが、見当たらず大変困っていたのだそうです。宅配便はメール便よりも値が張りますが、本日中に送ることを優先させたかったようで、「よかった！」と足早に去って行かれました。

グランスタクロークで書類が送れるといった認識も、このようなお問い合わせも今まではありませんでしたが、こちらのお客さまのおかげで今後のご案内に役立つ新たな情報を得ることができました。

書類を送ることができるグランスタクロークは、コンシェルジュコーナーのカウンターを背にして左へ。歩いてすぐの場所にある。

■生菓子をたくさん買うなら

２０１８年７月24日／Ｂ番：沢田

「冷蔵ロッカーは改札内にありませんか」と、50代の女性がカウンターにお越しくださいました。ロッカーではありませんが、グランスタクロークでは冷蔵品や冷凍品の保管も可能です。

その旨をご案内すると、心配そうであった表情がパッと明るくなり、お困りであった状況を話してくださいました。実は本日お知り合いに会われた際、なんと生卵をプレゼントとして受け取られ、ずっと持ち歩くわけにもいかず困っていらっしゃったのだそうです。

どちらの手荷物預かり所も冷蔵や冷凍保管ができるスペースは限られているようですが、やはり利用客の多い主要駅内や駅周辺にこういった預かり所があると、とても便利です。とくに夏場は本当に助かります。

屋外のホームと通路の間が幅広い階段でつながっており、外気が入りやすい東京駅は、利用する人の多さもプラスされるため、夏場に通路を歩くと汗をかくほどの暑さ。色々なショップで土産の生菓子を購入するため、あちこちへ行く人にとって、冷蔵スペースはありがたい存在だ。

■体調がすぐれないときは

2019年2月25日／C番：大村

「近くに処方箋を受け付けている薬局はありますか」と、60代くらいのご夫婦がいらっしゃいました。

今回、初めてグランスタ丸の内の「アイン薬局」をご案内することができました。アイン薬局がオープンするまでは、お客さまに八重洲地下街の「ココカラファイン八重洲北口店」をご案内していました。八重洲エリアの方にとっては便利な場所にありますが、コンシェルジュのカウンターからは少し距離があるため、体調のすぐれない方にとってはご移動が大変だろうなと、感じていました。

「アイン薬局」はカウンターからも近いので、本日のお客さまも「改札外でも近くなんだね、ありがとう」とご安心された様子でした。駅に調剤薬局があるのは非常に便利だと思います。薬局のみならず、ここ最近は、「東京ビジネスクリニック」をお尋ねいただく機会が頻繁にあります。おそらく花粉でお悩みの方が多いのでは、と思います。

しばらく続く花粉シーズンに備え、ご案内できる薬局の商品などもしっかり確認したいと思います。

駅近辺には、もしものときのための施設が充実している。地元の医院で処方箋だけもらって、東京駅に到着してから薬を手に入れることもできるということを知っておけば、旅行や出張の際、役に立つだろう。

午前中に多い質問は

コンシェルジュのカウンターがオープンすると、最初に飛び込んでくるのがコインロッカーがらみの質問。訊いてくるのは、日本人だけではないようで。そんな大きな荷物を持ってさまよう人たちからの質問を紹介する。

■預けたいのに
2017年6月10日／C番：西川

本日は、空いていそうなロッカーの場所をお尋ねいただくことが比較的多くございました。土・日・祝日では、必ずと言ってよいほどよくいただくお問い合わせ内容です。

50代くらいの女性からは、「明日びゅうスクエアで友人と待ち合わせるのでロッカーを使いたいのですが、明日の午前中は空いていそうですか」とお尋ねいただきました。

土・日・祝日は比較的早い時間帯に埋まってしまうことが多いとお伝えし、空き状況のわかる「コインロッカーなび」をご紹介すると、「そんな、便利なものがあるんですね！」と、大変喜んでいただきました。

また、付近のロッカーが埋まっていた場合も考え、グランスタクロークの場所もご案内すると、「今から、実際に確認に行ってみます」と、不安が解消されたのか、清々しい表情で颯爽と立ち去って行かれました。今回ご紹介した情報が、明日実際に役立てば、と祈るばかりです。

毎日多数寄せられるというコインロッカーの問い合わせ。序章で紹介した地下の横須賀・総武快速線のりばのコンコースにある鍵式のロッカーや、ここで紹介したグランスタクロークが比較的空いている可能性が高いそうだ。

■小銭がない！
2017年6月13日／B番：西川

「コインロッカーを使用したいので5000円札をくずしたいのですが……」と、20代女性よりお尋ねいただきました。高額紙幣の両替を希望される方は、毎日ではありませんがコンシェルジュカウンターにもよくいらっしゃいます。

このようなお問い合わせをいただいた場合、現在改札内には高額紙幣対応の両替機の設置がないため、交通系ＩＣカードの有無を伺い、交通系ＩＣカードの利用が可能なロッカーに荷物を預けることを提案したり、改札口の駅員の方にご相談いただくようご案内しています。こちらのお客さまがお持ちの交通系ＩＣカードはロッカーで利用できない会社さまのものだったため、改札口の駅員の方にご相談いただくようご案内しました。

そのようにご説明すると、お客さまによっては残念そうにコインロッカー利用を諦められる方もいらっしゃり、こちらも少し申し訳ない気持ちになります。個人的にもいつか改札内に高額紙幣対応の両替機が設置される日がくることを願っています。

交通系ＩＣカードを持っていて、高額紙幣が両替できず困っているときは、改札口近くにある自動精算機を利用するのが便利。精算機はＳｕｉｃａと互換性のあるカードにチャージをする機能が備わっており、改札を通していないものでもチャージ可能。１万円札が使

える機械で５００円分をチャージしたら９５００円が戻ってくるし、チャージした分は別の機会に利用すればよい。

■開けてあげてください
２０１７年11月27日／Ｂ番：安田

「コインロッカーのことでお願いしたいことがあるんですけどいいですか」と、物腰の柔らかな30代くらいの男性がいらっしゃいました。

どのような内容かお尋ねすると、「ロッカーの前で開け方がわからなくて困っているご夫婦がいらっしゃるんです。僕もよくわからなかったので対応してもらえませんか」と仰り、ご夫婦の特徴を教えてくださいました。

直後にいらしたお客さまを対応している最中に、その男性の姿は見えなくなりましたが、ご夫婦がお待ちのロッカーへ向かうとその男性がいらっしゃり、「コンシェルジュが来ますよ」と、仰っているように見受けられました。

結果的に、ご夫婦は既にロッカーを開錠されていました。しかしこちらの男性の優しさはご夫婦にも充分伝わったのではないでしょうか。

お客さまより学ぶことはたくさんあります。一つ一つを糧にして、私自身も成長したいと思います。

このようなSOSの依頼があったとき、カウンターの状況に余裕があれば現場へ向かう。可能な限りお客さんの要望に応えるよう心掛けているという。

■ATMで1万円ばかりおろすと
2018年9月23日／C番：沢田

「ロッカーを利用したくても1万円札しか持っていない」というお客さまをご案内することがあります。ほとんどが外国人のお客さまですので、おそらく外貨両替をされたばかりか、ATMで紙幣を引き出されたばかりなのでしょう。

本日も20代くらいの北米からいらしたと思われる女性が、「ロッカーを使いたい」と、

１万円札２枚を手にカウンターにいらっしゃいました。

何か少額のお買い物をして小銭を入手してはいかがかとご提案すると、「私もそう思って上の階の売店に行ったけど、ＮＯと言って１万円札を受け取ってくれなかったの」と硬い表情のなかで涙をこらえていらっしゃいました。

コンシェルジュカウンター近くの「はせがわ酒店はなれ」までご一緒し、ドリンクを買うのを見届けたとき、なぜ上の階の売店の方がＮＯと言われたのかが想像できました。

「ロッカーが使いたくてもこのお札が使えないから、このお金をここで両替したくて……」と、売店の方に英語で伝えていたのです。おそらくこのときのＣｈａｎｇｅ Ｍｏｎｅｙ（両替）という言葉に売店の方は反応されＮＯと答えたのでしょう。お客さまにお伝えすると「きっとそうね」と納得されていました。

ＮＯと反応してしまった売店の方の気持ちも、混乱されたお客さまのお気持ちもどちらもよくわかります。どちらのなかにも言葉が通じないうえでの困惑があり、判断があったのでしょう。

海外からの観光客が1万円札の両替ができず、コインロッカーが使えないと相談してくる件数は意外と多いという。日本人なら、売店で何かを購入して細かくするだろうが、言葉が通じない海外の人の場合、買い物もハードルが高い。

東京駅の見どころは

100年以上の歴史があり、北へ西へと延びる新幹線が発着する東京駅は、景色のいいスポット、歴史的なスポットの宝庫。カウンターにやってくる人々の問い合わせに応じて彼女たちはおすすめスポットを紹介する。

■ビュースポットで弁当を
2017年6月15日／C番：石井

「東京駅でお弁当を食べられるような場所はありますか。なかではなく外側がよいです」と尋ねられました。

今は梅雨の季節ですが、ずっと雨が降り続く時間は短く、真夏ほど気温が上がらず、外に出ると気持ちよく感じます。

先日、オープンした丸の内中央広場にはベンチがあります。木の陰に入らないと日影にならないので、季節によっては長時間の利用は大変かもしれませんが、丸の内の赤レンガ駅舎を眺めながらのランチも素敵です。

ベンチで休む人の姿もある丸の内中央広場

私も外でご飯を食べることが好きなので、他にもよいスポットはないか引き続き、探してみたいと思います。

丸の内の赤レンガ駅舎が復原され、これまでのターミナルの機能に加え、魅せるという要素も増えた東京駅。そのため、このような眺めのよいスポットを聞きにくる人も増

えているという。

■新幹線が見たい!
2017年8月11日/E番:大村

「改札内で新幹線が見られるところはありますか」と、小さな男の子を連れたお母さまよりお尋ねいただきました。

「新幹線が見たい」と、お客さまより問い合わせがあった際、新幹線ホーム以外でよくご案内するのは、店内から新幹線が見える日本橋口近くの「スターバックスコーヒー　東京ステーションシティーサピアタワー店」です。

本日のお客さまは「改札内」でお探しのため、隣にいた沢田さんに聞くと、「9・10番線ホームからJR東日本の新幹線が見られる」と教えていただきました。無事にご案内することができほっとしました。

午後、9・10番線ホームへ確認に行くと、発車前の金沢行き「はくたか」を見ることができました。新幹線を近くから見られるため、新幹線好きの方にとって、眺めたり写真を撮るのによい場所だろうなと思いました。

ホームから新幹線と、車窓から見えるお客さまを見ているだけで、旅へ出るときのワクワク感が伝わってきます。

カウンターへいらっしゃるお客さまもこんな心境なのかな、と思うと、安心していただけるようなご案内を心掛けていきたいと改めて感じました。

夏休みになると、このような「新幹線が見たい」という問い合わせが増えるという。夏のホームは暑さが厳しいので、見学の際は暑さ対策をしっかりと。

■デザインの由来は

２０１８年８月２日／C番：西川

ご趣味で東京駅について深くお調べになっている男性のお客さまがいらっしゃいました。

銀の鈴待ち合わせ場所の床に描かれた地図

お尋ねいただいたのは、銀の鈴待ち合わせ場所の床のデザインである地図と壁のデザインになっている駅舎は、いつ頃のものなのかというとてもマニアックなご質問でした。

駅員の方に確認して、地図と駅舎のどちらも１９１４年・大正３年の開業時ものだということがわかり、お客さまはとても満足そうでした。コンシェルジュでも時々、東京駅の歴史についてお尋ねいただきますが、ここまで細かいお問い合わせは珍しく、私も大変勉強になりました。

毎年、夏休み期間に入ると自由研究で東京駅の歴史を調べるお子さまがいらっしゃいますので、機会がありましたら今回の情報を豆知識としてお伝えしたいです。

■自由研究で回ってます
２０１８年８月５日／Ｂ番：石井

昨日も本日と同様、一日中慌ただしく感じる日でした。そのようななか、大きなメモを手にした小さな男の子がいらっしゃいました。「夏休みの自由研究で、東京駅のコンシェルジュについて調べています。質問してもいいですか」と、元気にメモを読み上げてくださいました。それでも恥ずかしいようで、横でお母さまがしっかりとサポートをしています。

過去にも案内所についてご質問される小さなお客さまがいらっしゃったことがあるのですが、電車に関しての質問が多く、私たちではお答えできない内容のものでした。昨日の少年は、一日の案内件数や質問内容など、ステーションコンシェルジュ東京に関することをたくさん聞いてくださり、嬉しく思いました。

一体なぜ私たちに興味を持ってくださったのか、とても気になってしまったので、一番最後に、お母さまに尋ねてみました。コンシェルジュのカウンターを利用したことはなく、「インターネットで〝東京駅　案内所〟で調べたら、コンシェルジュが出てきて、きれいな案内所だなあと思って」とのことでした。学校でコンシェルジュのことを発表してくださると思うと、少し恥ずかしいような気持になりました。小学生のお客さまにも「すごい！」と思っていただけるよう、日々頑張っていきたいと思います。

東京駅について調べる人は多い。とくに夏休みになると、自由研究で訪れる人が増え、コンシェルジュのカウンターにやってくる人も。そんな人たちからの質問に答えられるよう、彼女たちは駅に関する様々な知識を蓄えている。ちなみに「自由研究でカウンターにこられる時は、すべてをご案内してしまうと自由研究にならなくなってしまうといけないので、わからないところだけお手伝いできると嬉しいです」とのこと。

こんな施設も欲しい

なんでもそろっているからこそ、つい訊いてしまう「こんな施設ある？」という質問。

そんな言葉を聞くたび、コンシェルジュたちはわざわざ足を運んでくれたのに申し訳ないと感じているという。そんな、東京駅にはない施設に関する問い合わせがこちら。

■汗を流したい！
2018年1月12日／D番：沢田

「駅の施設のなかにシャワールームってある？」と、50代と思われる男性よりお問い合わせいただきました。

東京駅の構内にはシャワールームがなく、近隣の施設であればご案内ができる旨をお伝えすると、「そっか、東京駅や新宿駅みたいな大きな駅にないのであれば、まだまだ他の駅にもできそうにないね」と笑いながら仰いました。

お客さまより伺ったお話では、ヨーロッパの大きな駅ではシャワールームが設置されていることがあるそうです。こちらのお客さまはかつて東京駅にあった男性専用入浴施設「東京クーア」のこともご存じでした。

「電車で東京駅に到着してさ、汗をさっと流して次の電車に乗れたらいいよねっ」。そう仰るお客さまに、私も大きく頷きながら同感である旨をお伝えしました。

東京駅はいくつもの長距離列車の発着駅です。お風呂とまではいかなくとも、簡単にさっと浴びることができるシャワー施設があると、多くのお客さまに喜んでいただけそうです。

汗を流したいというリクエストは、日本人だけでなく海外の人からも多いという。2017年には外国人旅行者の増加を受けて、丸の内北口コンコースに祈祷室が設置された。外国人旅行者の増加と共に、そのニーズも多様化している。

■疲れてしまったので

2018年11月21日／A番：高橋

60代の男性のお客さまが、「すみません。少し横になり休める場所はありますか」と、カウンターへお越しになりました。

「具合が悪くなってしまったのですか」とお尋ねしますと、具合が悪いほどではないけれど、疲れてしまったので少し横になりたいとのことでした。

成田空港や羽田空港には有料でシャワーや仮眠の取れる施設がありますが、東京駅にはありません。

「空港にはあるのにね、新幹線まで3時間あるから横になり休みたかった」と仰っていました。

東京駅に休憩所はございますが、ゆっくり休める場所はなかなかございません。有料でも横になれるような施設があれば、新幹線をご利用いただくお客さまへは嬉しいサービスになるのではないかと思いました。

なんでもある東京駅だが、意外と少なかったのが待合スペース。新幹線のホームや、新幹線改札内の通路脇、コンシェルジュのカウンターの向かい側や銀の鈴のところに待合スペースがあり、ベンチや椅子の数も増えてきている。

海外の人が知りたい、東京駅の設備は

店の種類も、もしものときに使える施設も充実。うまく使いこなせることができれば便利そうだが、来日した観光客の視点で見ていくと気になる点や欲しい施設がまだまだあるようで……。そんな外国人がコンシェルジュにぶつけた問い合わせ例を紹介する。

■朝まで駅で過ごしたい
2017年4月1日／C番：安田

「改札内で泊まることはできますか」と、海外からいらした20代くらいの女性2人組の方よりお尋ねいただきました。

初めてのお問い合わせで、少し驚いてしまいましたが、「何も考えないでいたらこんな時間になってしまったのよ」と明るく仰っていました。

東京駅周辺ホテル一覧表をお見せし、地図に印を付けて差し上げると、安心された表情でカウンターを後にされました。

海外では、駅で一晩過ごす方も多いように感じます。このようなお問い合わせをいただくと、文化の違いに驚かされます。

日本では当たり前のことも、海外からいらした方にとっては新鮮なこともたくさんあるかと思います。そんなところも楽しみながら日本を満喫していただけたら嬉しいです。

日誌に書いてあるとおり、改札口がなく、改札内、改札外の概念がない海外のターミナルは、駅構内で宿泊する人も多い。日本でも夜行列車が多く走っていた頃は、待合室で寝ることができる駅も多かったが、現在はなくなってしまった。

■掛け方を教えて

２０１７年７月27日／Ｂ番：沢田

アメリカ人と思われる若い男性より日本国内での電話の掛け方をお尋ねいただきました。

携帯電話画面よりお掛けになりたい電話番号を見せてくださり、「アメリカから掛ける電話番号しかわからない」と困っていらっしゃいました。

身長190センチ近くはありそうな、がっしりとした体格の方で髪型はモヒカンスタイルです。強そうな風貌と困っていたときの表情とのコントラストがなんとも印象的でした。番号を拝見すると、日本の国番号81の後が80と続いた電話番号でした。81までの番号は押す必要がなく、0＋80が初めに押す3ケタであることをお伝えすると、「わかった、やってみる」と公衆電話に進んで行かれました。

他国での電話の掛け方は、旅行前などでは調べ忘れてしまうものかもしれません。お客さまの不安が少しでも早く安心に変わるよう、しっかりとご案内をしていきたいと思います。

日本人でも、海外へ行くと公衆電話の使い方に苦労するもの。公衆電話の掛け方が難しくて困るというのは、世界共通の悩みかもしれない。

■手持ちがない！
２０１８年1月7日／Ｅ番：西川

慌てた表情で外国人女性が駆け込んでいらっしゃいました。

お話を伺うと、「これから恵比寿駅まで行かなければならないんだけど、ＰＡＳＭＯは残高不足で改札外にも出られないし、お財布にお金も入ってなくて。持ってるものは、このカードだけなの。どうしたらよいかしら……」と不安そうに仰いました。

手にお持ちのカードを見ると、Ｍａｓｔｅｒｃａｒｄマークの付いた海外発行のカードでした。そこで、改札内に海外発行カード専用のキャッシュディスペンサーの設置があることをお伝えすると、「ああ、よかった！　ありがとう」と、緊張の糸が解けたように安堵の表情を浮かべ、駆け足で向かわれました。

八重洲中央口手前に海外発行カード対応のＡＴＭが設置されてからまだ日も浅いのですが、便利になっただけではなく、その存在にありがたみを感じられる方もいらっしゃるのではないかと、今回のお問い合わせを通して思いました。

キャッシュレス時代が始まったといわれているが、やはりもしものときのためにある程度の現金が必要ということを考えさせられるエピソード。もし知らない国で、こんな状況に追い込まれて、コンシェルジュのような案内人がいなかったら……。想像するだけで恐ろしい。

■ネットに接続したい！
２０１８年１月27日／Ｃ番：石井

海外からお越しの女性２人がいらしゃいました。Ｗｉ－Ｆｉのルーターのレンタルを行っている「ＴＩＣ ＴＯＫＹＯ（日本政府観光局認定の観光案内所）」をお探しでした。レンタルをする際、支払いはクレジットカードのみです。そのことをお伝えすると、お２人はデビットカードしかお持ちではないそうです。クレジットカードとデビットカードは同じようではありますが、どうでしょうか。大丈夫かどうか気になったため、ＴＩＣ ＴＯＫＹＯへ連絡をすると、デビットカードは使用できないとのことでした。

Ｗｉ－Ｆｉが使える手段として、ＳＩＭカードのご購入や東京駅でお使いいただけるＪＲ

ＥＡＳＴ ＦＲＥＥ Ｗｉ－Ｆｉをご案内しました。

ご案内後、私の名札を見たのでしょう。日本語で「ありがとうございます。石井さん」と名前を呼んでくださいました。日本語でお礼を言われることや、名前を聞かれることはありますが、名札を見て名前を言われたのは初めてでした。とってもスマートな気遣いに、私も真似したいと思いました。

情報を調べるのにＷｉ－Ｆｉや携帯電話回線の電波を受信するＳＩＭカードは不可欠。オリンピックの頃には、大きな駅や観光地でフリーのＷｉ－ＦｉやＳＩＭカードの販売機は欠かせない存在になるだろう。

■新幹線へののりかえ方法は？

２０１８年９月18日／Ｂ番：西川

外国人の20代女性２人組をご案内しました。１人のお客さまは、日本語を少し話すことができ、「原宿駅から来ました。すぐ東海道新幹線乗ります。このカード、どこから……出たらよいですか」と、一所懸命手振りを交えながら日本語で尋ねてくださいました。

より詳しくお話を伺うと、どうやら原宿駅からICカードで東京駅までいらっしゃり、別途、新幹線きっぷを持っているのにICカードでどうやって精算したらよいのかお困りのご様子でした。そこで、新幹線のりかえ口で新幹線きっぷを改札機に通した後、ICカードをタッチしていただくと自動的に精算される旨をお伝えしたところ、「Wow!」と驚いていらっしゃいました。

駅で働いていると、つい当たり前のことのように思ってしまいますが、日本の鉄道システムは、海外の方も驚くハイテク技術が駆使されているのだと改めて感じ、日本人として誇らしい気持ちになりました。

ICカードを使った改札は、慣れている人にとっては便利なものでも、初めて使う人やたまに使う人にとっては難しいもの。新幹線のりかえ口の前にたくさんの係員が立っていることからも、そんなことが窺える。

■案内放送がわからない
2018年11月14日／A番：高橋

「すみません。『成田エクスプレス』に乗りたいのだけれど、なんだか遅延になっているようで放送が日本語でよくわからないし、私はどうしたらよいの」と、30代の海外からお越しの女性のお客さまがいらっしゃいました。

本日は朝から本八幡駅で発生した人身事故の影響で総武快速線に遅れが出ていました。何度もその案内が流れていますが英語での案内はなく、日本語のみの放送でした。

女性のお客さまもたまたま他の外国から来ている方から聞いた情報らしく、ちゃんとした情報が欲しくてカウンターへお越しになったとのことでした。

細かい遅延情報、電車の変更発車時刻などは直接そのホームもしくはホーム近くの改札にてご確認いただくのが、正確かつ最新の情報になりますので、お客さまには、地下総武快速線のりばへ行くエスカレーターに乗る前に、丸の内地下中央口の案内所で最新情報を確認すれば問題ないことをお伝えし、もし電車がダメなら高速バスも東京駅から出ているので、何かあれば戻って来てくださいとお伝えいたしますと、お客さまは胸に手を当て、

「何だか緊張して疲れちゃった。今日、成田空港へ行くことができなかったらどうしようかと焦ってしまって。恥ずかしいわ」と笑顔を見せてくれました。

東京駅は海外からも多くのお客さまがいらっしゃいます。とくに成田空港方面や羽田空港方面など、海外の方が多く利用されるであろう路線に時刻変更などの事態が生じた場合には、日本語の放送だけでなく、英語などの放送も交互に入れていただけたら、海外からのお客さまはより心地よい日本のおもてなしのサービスを肌で感じてくれるのではないかと思いました。

現在では、駅や列車でのアナウンスや案内標示の多言語化はかなり進んでおり、東京駅ではダイヤが乱れたときのリアルタイムの情報提供も、多言語化を進めている。

■きっぷに書かれている情報は
2019年1月23日／A番：西川

海外からお越しの40代男性より、「この新幹線に乗りたいんだよ。13番線でどこ」というお問い合わせをいただきました。きっぷを拝見すると、上越新幹線の指定券でした。最寄りの北のりかえ口までのアクセスをご案内後、ホーム番線は13番線ではないこと、きっぷ記載の「Ｃａｒ13」は号車番号であることをお伝えしたところ「Ｏｈ～！　そうなの？　僕は東京駅へ来て新幹線に乗るの２回目なんだけど、前回はそんなこと気にしなかったよ！　これ、皆プラットホームナンバーだと思い込まないかな。勘違いしたのは僕だけかなあ。ハッハッハッ」という反応が返ってきました。

思い返せば外国人のお客さまに限らず、過去にご案内した日本人のお客さまでさえも同じように勘違いされていた方が数名いらっしゃいました。お客さまの何気ない一言のお陰で、コンシェルジュでお尋ねいただいたからには正しい認識を持っていただけるよう、より丁寧にご案内していかなければという気持ちがさらに高まりました。

駅の通路を歩いていると、階段の所に大きな数字でホームの番線番号が書かれている。誰にでもわかるよう「よかれと思って」大きく書いてあることが、勘違いしてしまう人を

つくってしまうのだろうか。

■搭乗手続きはどこで行う？
2019年4月8日／B番：高橋

20代と思われる、外国人の女性のお客さまより「近くにコンビニはありますか」とお問い合わせをいただきました。

ここから最寄りのグランスタ内「ニューデイズキオスク」をご案内しますと、「よかった英語話せるのね、ついでにちょっと確認したいことがあるの」と、新幹線のきっぷをバッグから出し、「まずね、私たちこれから京都へ行くのに、新幹線に乗るんですが、飛行機に乗るときのようにカウンターで搭乗手続きや荷物を預けたりするのかしら」と、ご質問をいただきました。

以前に西川さんが日誌にて、外国人のお客さまより「新幹線車両内に持ち込める荷物の数」についてのご質問を受けたことを思い出しました。

日本人にはない発想であり、外国人の方の気持ちを理解するうえで勉強になるなと思いながら、新幹線には搭乗手続きはいらないことをお伝えしました。

念のため、構内案内ＭＡＰを用いて、搭乗手続きはいらないが、新幹線ののりかえ口があるので、お持ちのきっぷを改札に通していただき、ホームに行き新幹線に乗車をする流れをお伝えしますと、「わかったわ！　これいただいていいかしら。ありがとう」と、ＭＡＰをしっかりバッグにしまい、まずはニューデイズキオスクに向かわれました。

初めての日本への旅行と仰っていたので、これから滞在中に様々な「日本での初めて」に出会うと思いますが、新しい発見を楽しみながら日本旅行を楽しんでいただけたらと思いました。

ヨーロッパでは、ＴＧＶを格安チケットで乗車したり、ユーロスターに乗車の際、車内に持ち込む荷物の量が制限されたりする。新幹線でも同じようなシステムを採用していると思い、コンシェルジュに質問したのだろう。

新幹線などでも車内に持ち込める荷物の大きさ・重さに制限があるが、ほとんどの手回り品は無料で持ち込むことができる。しかし、近年では外国人旅行者をはじめ大きなキャリーバッグなどを持ち込むケースが増えており、車内に大型の荷物置場を設置したり、有料の保管スペースを導入するなど、対策を進めている。

■駅から出られない！
２０１９年４月11日／Ｂ番：川崎

「スミマセン、駅から出るにはどうしたらよいですか」。中国人の親子と思われるお客さま３人からお問い合わせをいただきました。

この後に行かれたい場所を伺いますと、「いや、とりあえず駅から出たい。出口がわからなくて、もう１時間くらいウロウロしたよ」「東京駅の広さに驚いたよ」。お母さまと見られる50代の女性のお客さまがそう仰いました。

丸の内中央口をご案内しますと、「もう本当に道に迷っていて、どうすればよいのかわからなかった。ありがとう！」。お客さま３人とも素敵な笑顔でお礼を仰ってくださり、軽い足取りで去られました。

改札内ではたくさんの標示がありますが、海外のお客さまはどの標示をたよりにすれば目的地にたどりつくかわからないかもしれません。ゴールデンウィークやオリンピック期間中にいらっしゃるお客さまより、このようなご質問をいただく可能性もあるのではと思いました。

たくさん設置されている日本語の案内板を見ても迷うことが多い東京駅。外国の人にとっては、大迷宮と言っても過言ではない存在なのかも。

■安全に使えるものなの？

２０１９年４月14日／Ａ番：高橋

30代の中国よりお越しの女性のお客さまより、「東京駅のなかにあるロッカーのセキュリティシステムはどの程度ですか」と、お問い合わせをいただきました。

お客さまからお話を伺うと、以前海外で荷物をロッカーに入れたら盗まれてしまった経験があるとのことでした。

東京駅内ではそのような話を聞いたことがないと説明いたしましたが、特別なセキュリティのロッカーをご利用されたいとご要望をいただきました。

しかし、改札内にはそのようなロッカーの用意がないことをお伝えすると、「不安でもロッカーに預けるしかないのかしら」と悩んでいらっしゃいました。ロッカーが不安であれば、手荷物預かり所はどうかと提案をいたしますと、興味を持ってくださいました。「ロッカーに預けるより、人に預けるほうが安心な気がするわね。そこにします」と仰っていただきました。

日本は、他の国に比べると治安のよい国ではありますが、このような不安を感じるお客さまもいらっしゃることを知り、今後同じようなお問い合わせをいただいた際、少しでもお客さまの不安を払拭できるようなご案内や説明ができるよう、事前に考えておかなければいけないと思いました。

当たり前のように使っているコインロッカーが、国や地域によっては安全なものとは限らない。色々な意味で考えさせられる質問もコンシェルジュの元にはやってくる。

銀の鈴エピソード集

２０１８年、東京駅の待ち合わせのシンボル、銀の鈴が設置50年を迎えた。これを記念してグランスタを運営する「鉄道会館」では銀の鈴のエピソードを募集した。そんなエピソードのなかからいくつかを紹介しよう。

八重洲中央口コンコースにあった
当時の銀の鈴広場

長野から上京してきた時の会社の人との待ち合わせ場所。

初デートの待ち合わせ場所。

友人との待ち合わせ場所。

今みたいにラインもなくポケベルの時代、ここは間違わず、待ちぼうけせず、ちゃんと出会える場所でした。


（40歳　女性　東京都）

ゲームで知り合った友達と今日初めて会います。

田舎から出てきて迷子になりました。

やっとたどり着いたこの「銀の鈴」。待ち合わせにはとても分かりやすく助かった。今は友達を待っています。ワクワクドキドキ。

素敵な出会いに感謝。コマウオヨ（ありがとう）。


（22歳　女性　徳島県）


親に内緒の二人きりの京都旅行。

初めての旅はすべてがドキドキ。「銀の鈴」をあう場所と決めて……。

彼女がくるまでのほんの二分、「銀の鈴」が見守ってくれて京都への旅に出かけました。

それから50年。今も彼女はういういしいままで横にいます。「銀の鈴」よありがとう。


（68歳　男性　東京都）

第3章　ショップと観光

2005年、八重洲エリアの改札外に東京駅一番街がオープン。2007年には改札内にエキナカ商業施設グランスタがオープン。これを機に、東京駅には土産や弁当のショップなどが飛躍的に増えた。

全国的な知名度を持つ老舗が販売する幅広い世代に愛される土産。新進気鋭の料理人、パティシエが生み出す新たな名物。テレビの情報番組でも特集を組まれることが多いこの駅のショップは、どこも魅力的なものだ。

ただ、ショップの数が多すぎるがゆえ、そして新商品が続々と生み出されるがゆえ、さらに売場の面積が広すぎるがゆえ、コンシェルジュのカウンターには、たくさんの助けを求める声が寄せられる。どんな援助の要請がくるのかというと……。

お土産は何を買えばいいの

おすすめ系の質問で一番多いのが土産に関する質問だ。たくさんのメディアで取り上げられるため、全国的に有名になっているグランスタなど東京駅にあるショップ。もらう側は「東京駅から新幹線で帰ってくるのだから、テレビで取り上げられたあのお店のものが食べたいのでヨロシク」ぐらいの気持ちで頼んでいるかもしれないが、買う側は想像以上の店の数に圧倒され、頼みの綱でコンシェルジュの元にやってくる。

■女性が喜ぶ三大要素
2017年6月12日／A番：西川

本日、女性に喜ばれるような菓子土産を、男性のお客さまへお勧めする機会がございました。東京駅でしか買えない洋菓子を希望されたため、今回は「ザ・メープルマニア」のメープルバタークッキー、「カファレル」の東京ジャンドゥーヤチョコパイ、「銀のぶどう」

のTHEチョコレートサンドをお勧めしました。
持論ですが、女性が好む菓子土産とは味はもちろんのこと、パッケージの見た目も可愛いらしく食べやすいサイズ感であることが重要だと思います。そこでしか購入できない限定品であれば、なお好まれると思います。

こちらのお客さまにはお伝えし忘れてしまったのですが、銀の鈴フェア期間中のため、現在メープルバタークッキー18枚入りは銀の鈴限定パッケージで販売されています。通常のパッケージのようなどこかレトロで可愛らしい雰囲気は残しつつも、白を基調とした爽やかなデザインになっています。
常連のお客さまにも機会があれば、豆知識としてご紹介できればと思います。

女性に喜ばれる土産の三大要素は、「パッケージの見た目」と「食べやすいサイズ感」そして「そこでしか購入できない限定品」。たくさんの人を案内して、たくさんの人の「喜ぶ顔」を見ているコンシェルジュの経験から導き出された彼女たちなりの持論は、土産を販売するメーカーにとって商品開発の大きなヒントになるかもしれない。

■東京駅でしか買えないものを
２０１７年12月４日／Ｂ番：石井

「東京駅でしか買えないお土産を買いたい！」という女性がいらっしゃいました。

こちらのお客さまは菓子土産に詳しいようで、「中央線をよく使うんだけど、その近くに人気のバターサンドあるでしょう。あれなんかも東京ソラマチにもお店があるのよね。ここでしか買えないものがいいのよ」

お客さまが仰るとおり、「プレスバターサンド」は第１号店が東京駅にオープンしましたが、現在では、東京ソラマチ店と池袋駅店があるため、東京駅の人気菓子土産として紹介されていますが、厳密には東京駅以外でもご購入できます。ここまで細かく把握されている方も珍しいように思います。

本当の意味で東京駅でしか購入できない、「銀のぶどう」のＴＨＥチョコレートサンド〈アーモンド〉と抹茶のショコラテサンドをご覧いただくと、「可愛いですね」と喜んでくださいました。

やはり〝東京駅限定〟という響きは絶大な力を持っているようです。

東京駅発祥でも行列のできる人気店は支店ができれば、土産としてのプレミア感が下がる。そんなことを踏まえて、ショップの動向にもコンシェルジュはアンテナを張っている。

■酒好きの友人のために
２０１７年12月8日／C番：沢田

「お酒が好きな友人に塩気のある手土産を買いたい」と、若い男性がお問い合わせにいらっしゃいました。こんな心遣いをしてくれるお友だちがいるというだけで、嬉しくてお酒がどんどんすすんでしまいそうです。

お酒側が私のことをどう思っているかはわかりかねますが、私もお酒が好きです。お客さまには、スパイスがピリッと効いたおすすめのスナック菓子・新宿カリーあられをご紹介しました。

「美味しそうですね～」と、嬉しそうに仰るお客さまを見ながら、私は空想上のビールジョッキを高く掲げ、「その心遣いにカンパイ！」と叫びたい気持ちでいっぱいになりました。

酒好きだから、自分好みの酒肴を勧める。普段はお客さんの立場で考えるコンシェルジュも、ときには自分の嗜好品を参考にすることも。

■いざ、交換会へ
2018年8月15日／E番：石井

菓子土産をお探しのお祖母さまがいらっしゃいました。漠然と探されているようでしたので、何かご希望の品があるかお尋ねすると、「親戚がね、集まるから、お菓子を持ち寄るのよね。交換するから、こうね……」と、最後は濁されてしまいました。お客さまのお言葉の最後を推測すると、交換する際、他の方に引けを取らないものがよさそうです。また、毎年恒例の交換会のようなので、何かと気苦労が絶えないのではないかと思いました。

ここは東京駅です。「東京駅限定」を押していこう思い、コンシェルジュのお隣にある「カファレル」の東京ジャンドゥーヤチョコパイをご案内しました。本日のような混雑している日には、すぐ近くで購入できるのも魅力の一つになるのではないかと思います。お祖母さまも「東京駅限定ね。いいわね」とお店へ向かわれました。今年の交換会では、ぜひ、東京ジャンドゥーヤチョコパイを自慢していただきたいと思います。

駅構内の案内をするのもコンシェルジュの仕事だが、一緒に交換会の作戦を考えるのも大事な仕事なのだ。

■相手にウケそうなものは
２０１８年10月12日／Ａ番：大村

本日、中年の男性より「アメリカ人にウケそうなお菓子を探していて」と、少し難しいお問い合わせがありました。

和菓子・洋菓子どちらがご希望か、お聞きするも、「どちらでも構わない」とのこと。おすすめのお店を数店ご案内するもなかなかご希望に合わず、どのお店の商品をご案内すればよいのか、大変悩みました。

そんなとき、ふと浮かんだのが、「新宿中村屋」の新宿カリーあられです。新宿カリーあられは、個人的な感想ではありますが、サクサクとしたあられにピリッとスパイスが効いており、やみつきになるようなお味が人気の秘密なのではと思います。

お客さまへご案内すると、「俺はイマイチだけど、アメリカ人にはウケるかもしれないね」と、絶妙なリアクションをいただきました。

海外の方にも喜んでいただけるような、ひと味変わった菓子土産もご案内できるよう、調べていきたいと思います。

土産は、贈る相手に喜ばれるものがベスト。東京駅では洋菓子が比較的人気だが、アメリカの人にとっては子供の頃から食べているであろうスイーツ。となると……と想像して出てきたのが、このあられ。普段から土産コーナーをチェックしているからこそ、このチョイスが出てくるのだろう。

■柔らかいものを

2018年10月15日／B番：安田

「ご年配の方に喜ばれるお菓子を買いたい」と、女性のお客さまがいらっしゃいました。伺うと、「最近、実家と義理の実家への手土産に固いお菓子を買っていくといい顔されないんですよ……」と、困った顔をされながら仰いました。何日か日持ちがするもの、洋菓子・和菓子は問わないとのことでしたので、「ねんりん家」のバームクーヘン、「ザ・メープルマニア」のメープルフィナンシェ、「ドルチェフェリーチェ」のパウンドケーキをご案内しました。とくに、ねんりん家は季節限定で、楓ざら芽味やモンブラン味の販売があります。「季節感大切ですよね」と、どうやらねんりん家を気に入られたようです。

今回は〝柔らかいものシリーズ〟をご案内しましたが、今度は〝固いものシリーズ〟をご案内する機会もあるかもしれません。今のうちに考えておきたいと思います。

柔らかいもの、形崩れしないもの、日持ちするもの……土産に求められる条件はまさに千差万別。

■3つの条件をクリアしたものは
2019年1月2日／D番：安田

「すみません、お菓子の相談してもいいですか」と、30代くらいの男性がいらっしゃいました。お話を伺うと、ご年配の方への手土産をお探しとのことでしたが、東京駅はあまりにも菓子の種類が多いため、うまく探せなかったと苦笑いされながらお話しされました。「和菓子でかつ柔らかいもの。3日くらい日持ちするもの。できたら東京発祥の店舗がよいです」とリクエストをいただきました。

そこでご案内したのは、エキュート東京にある「御門屋《みかどや》TOKYO」です。こちらは目黒に本店を構える揚げまんじゅうで有名な店舗です。「揚げ」とはいえ、なかは柔らかい餡のため、硬いものが苦手なご年配の方にも喜ばれそうです。

「これいいですね。これに決定です」とお客さま。いらしたときの少し疲労されたような表情が一転、清々しい表情に変わりました。

混雑したなかでお目当ての商品を探すのは想像以上に大変なことです。東京駅での限られた時間を有意義に過ごしていただけるよう、スムーズなご案内をしたいと思います。

ヒントを３つももらえたら、東京駅に数多くあるショップから瞬時に１つの店を提示することができる。そんな彼女たちの思考を将来、ＡＩにトレースして活用したら、東京駅がもっと魅力のある駅になるかもしれない。

■写真の人が喜びそうなもの
２０１９年４月３日／Ａ番：安田

「人気の菓子土産を買いたいんだ」と仰る、穏やかなおじさまがいらっしゃいました。

こちらは頻繁にいただくお問い合わせなのですが、少しいつもとお客さまの様子が異なりました。「この人にあげるんだよ」と、差し出されたスマートフォンの写真を許可をいただいてから拝見したところ、素敵な女性が写っていました。「友だちの友だちで初めて会うんだけどさ、何か買いたいんだよね」とお話しされました。

ご予算やイメージされている商品を伺い、「ピエールマルコリーニ」と「カファレル」

をご案内したところ「その、ベルギーのチョコがいいね」と選ばれたのはピエールマルコリーニでした。
「女性へのプレゼントは難しい」と、よく男性は仰いますが、こちらのお客さまの選ばれているお姿は大変一所懸命でした。初めてお会いになる女性へプレゼントを渡すのはドキドキされるかもしれませんが、きっと喜んでくださるのではないかと思います。

女性へのプレゼントは女性のコンシェルジュに聞くのが一番！　ということで、コンシェルジュのカウンターにはプレゼントに困った男性がくることもしばしば。一年で最も多くやってくる時期は、ホワイトデーの直前だという。

ちょっと観光をしたいんだけど

どの書店にもガイドブックが並び、各地の名所や美味しい店はスマホでも簡単に調べることができる。せっかく出掛けるなら、自分の行きたい場所をあらかじめ調べて行ったほうがいい。だが、旅には予定外のことが起こるもの。行きたい場所が休みになるなどして、時間を持て余してしまうこともあるだろう。そんなときに頼りたいのがコンシェルジュ。ということで、実際にコンシェルジュに観光の相談をする人たちの様子を見てみよう。

■3時間で東京観光
2017年6月29日／A番：西川

「新幹線の発車時刻まで充分に余裕があるので時間潰しに最適な、どこかおすすめの場所はありませんか」。コンシェルジュでも時々いただくお問い合わせです。

目的、所要時間、改札内・外によってご案内する場所は異なり、さらにお客さまの好みによって左右されるので、個人的には難易度の高いお問い合わせだと思います。
本日も「3時間くらいで回れるおすすめの場所を教えて」と仰るご夫婦をご案内しました。歴史的なものを見て回りたいというご希望により、東京駅の駅舎、皇居散策などをご提案するも、以前に観光されたとのこと。
最終的には、人形町商店街協同組合のホームページ上で紹介されている日本橋七福神巡りコースにご興味を示されました。

今回は幸いにもすんなりと行き先が決まりましたが、お客さまの嗜好をうまく汲み取れず、時間が掛かってしまうこともあります。今後はもう少し情報収集するジャンルの範囲を広げ、広く深くリサーチしたいと思います。

東京駅を利用する人のなかには、目的の電車に乗るまで時間があるので「ちょっと東京見物を」という人は意外と多い。しかも東京駅周辺のスポットは東京見物の定番となっているため、すでに訪れたという人も多く、このような「そこはもう行ったので……」というパターンも。そのためコンシェルジュたちは、それぞれが「1、2時間程度で行けるおすすめ東京見物コース」を用意していて、訪れた人に合わせて勧めているという。まるで、参加するメンバーや内容を聞いて、瞬時に「このお店がいいんじゃない」と案を出す、できる幹事のようだ。

■夜の観光スポットは
2017年8月15日／E番：西川

「夜行バスの発車時刻まで東京駅周辺を観光したい」と仰る2人組の女性をご案内しました。

お尋ねいただいた時刻は、夜の18時すぎ頃。これから京都へ帰るそうで、その前に東京らしい景色を目に焼き付けておきたいと、ショッピングやお食事よりも東京らしさを感じられる観光スポットを強く希望されました。

以前より、時々東京駅周辺の観光スポットについてお問い合わせをいただくことはありましたが、日が暮れる時間帯にお尋ねいただいたのは今回が初めてかもしれません。

観光や散策というと、日中のイメージがありますが、夜ということを逆手にとり、夜だ

新丸ビルの屋外テラスも東京駅のビュースポット

からこそ楽しめる夜景スポットをご案内しました。

丸ビルのホームページでは、駅舎を一望できるビュースポットを紹介しており、実際にそのスポットから駅舎を撮影した写真も閲覧することができます。こちらのお客さまにもご覧いただいたところ、気に入ってくださり颯爽と夜景を見に向かわれました。

東京での残りわずかな時間、素敵なひと時を過ごされたことを願ってやみません。

訪ねて来たのは夏の夕方。そして「夜行バスの発車時刻まで」という言葉。状況を即座に把握して、夜景スポットを勧める。そんな状況に

応じて瞬時に判断する柔軟性は、ビジネスパーソンが見習いたいところだ。

■紅葉が見たい
２０１７年11月12日／Ａ番：西川

「これから友人と都内に紅葉を見に行きたいんです。何か情報はありませんか」と仰る女性のお客さまがいらっしゃいました。

こんなとき、役に立つのがコンシェルジュでお作りしている都内紅葉情報一覧表です。こちらは都内で人気の高い紅葉スポットをまとめたもので、施設ごとにアクセスや大まかな見頃の時期を記載しています。

お客さまにもお渡ししたところ、「うわ〜。これは助かります！」と非常に喜んでくださり、一覧表の後押しもあってか、以前からご興味があったという浜離宮恩賜庭園へ向かわれることを即決されました。

こちらの女性をご案内した後、浜離宮恩賜庭園のホームページをさらに詳しく見ていると、偶然にも本日は年に1回開催される伝統技能見学会「雪吊り」が行われる日でした。元々庭園にもご興味があったとのことでしたので、タイミングさえ合えば参加されたのではないかと思います。事前にご紹介できていればよかったと、少し悔やまれました。
来週の木曜日には、庭師による庭園ガイドも予定されています。今後も紅葉スポットとして浜離宮恩賜庭園をご案内する機会があると思いますので、次はプラスαの情報もご紹介できればと思います。

序章で紹介した、東京駅周辺MAP・東京観光路線図だけではない。このような季節に合わせた資料も自主的に作成し、案内に活用している。こういう資料を作ることができたのは、利用者とのやりとりを何年にもわたり記録し、紅葉の問い合わせが多いことが実感として把握できていたからだろう。

■どこでもいいので美術館を
2018年5月15日／A番：大村

「すみません〜、今日開館している都内の美術館で、おすすめの美術館を教えて〜」と、関西からおみえになった女性２人組がいらっしゃいました。こちらのお２人、どちらもはっきりとしており、とても明るいお客さまでした。

都内には数多くの美術館が存在します。どちらをご案内すべきか、お客さまによってお好みの作品は様々です。そしてお２人とも、美術に詳しいようで、お探ししている間、多くの美術家の名前が出てきます。そのため、非常に悩みました。

女性の方にお尋ねいただく機会が多く、とくに女性の方が共感できる作品が展示されている美術館で浮かんできたのが、「弥生美術館・竹久夢二美術館」でした。ホームページより、現在開催中の展覧会の概要をお見せすると、１人の方が「夢二や夢二！　有名やで〜」とすぐに反応してくださいました。

お２人とも、夢二のみならず、弥生美術館の展示も気に入ってくださり、美術館に行かれることを決心されました。

行かれたい場所がお決まりでないお客さまをご案内する際は、お好み・所要時間・その後のご予定・料金……などと、気に掛けなくてはならないことが様々ですが、お客さまとお話ししているなかでふと、「あ、これかも！」と発見できることもあります。お客さまとのお話の時間を大切に、ご案内したいと思います。

美術館や博物館の問い合わせは比較的多いとのこと。そのため、現在どこでどんなテーマの展覧会が行われているかの情報は、常にホームページでチェックしているという。

■鎌倉も守備範囲
2018年6月30日／A番：石井

鎌倉へ観光に行きたいという女性お2人がいらっしゃいました。しっかりと旅行プランは立てていないそうで、なんとなく、というご様子でした。

連日の猛暑が気になるようで、「長時間外を歩くのはちょっとね……。お寺でお茶が飲めるところがあったような気がするの」と、お話のなかから気になるワードが出てきました。

お話しされていたのは、竹の寺ともいわれる報国寺のことでした。私も以前、行ったことがあり、静かな竹林のなかで、お抹茶をいただきました。竹林のため、日陰が多いので、ぴったりなのではと思ったのですが、鎌倉駅から距離があるため、考えてしまいます。
　鎌倉といえば紫陽花も有名ですが、今年は例年よりも梅雨明けが早く、紫陽花の見頃も終わってしまっているという情報もちらほらとありました。地図を見ながら、ああでもない、こうでもないとお2人の旅行計画に参加させていただきました。私も一緒に鎌倉に行くような気分になってしまいます。その後、お待ちのお客さまの列ができてしまい、お2人も「後は自分たちで調べてみますね」と、鎌倉駅へと向かわれました。どんなご旅行になったのか、気になるところです。

　コンシェルジュは東京を案内するだけではない。東京駅は日本を代表する駅なので、お客さんの問い合わせによっては、お隣の神奈川県の鎌倉の情報はもちろん、日本全国の観光地の情報や、簡単な旅行のプランを案内することもある。

■ジャズが好きな人からのお願い
2018年8月8日／A番：安田

「ジャズクラブに行きたいんだけど」と仰る男性がいらっしゃいました。

東京駅近くで有名なのは、TOKIA2階にある「COTTON CLUB」です。こちらはジャズ専門ではないようですが、お尋ねいただくことも多い有名なクラブです。お客さまは初めて聞かれた名前だったようで、大変興味を持たれていました。

「あと銀座にある『銀座Swing』と六本木の『All of Me Club』の情報も教えて」とお尋ねいただきました。とてもジャズがお好きなことが伝わってきます。詳細をお尋ねになりたいとのことでしたので、各お問い合わせ電話番号をお伝えしたのですが、その際もじっとメモを見つめていらっしゃり、わくわくしていらっしゃいました。

夜までまだまだ時間はありますが、ドキドキわくわくは募るばかりではないでしょうか。お客さまにとって素敵な夜になることを願います。

東京駅周辺の観光スポット、飲食店、ホテルだけでなく、こういったクラブや都内のジャズバーも網羅。彼女たちの頭のなかには、どれだけの情報が入っているのだろうか。

■雨で予定変更
2018年8月12日／D番：西川

8時30分頃、あいにくの天気のため、当初予定していたプランを変更して雨でも楽しめるような観光スポットへ行きたいと仰る50代くらいのご夫婦をご案内しました。

最近話題のスポットがよいとのことで、CMでも宣伝している「チームラボプラネッツTOKYO」とお台場周辺の観光エリアをご案内しました。デジタルアートのチームラボプラネッツTOKYOは、奥さまも気になっていたということで当日券の購入方法をご案内し、混雑状況によって予定変更もできるよう、豊洲駅からゆりかもめにて1本で行けるお台場エリア付近の観光スポットもお伝えしました。

お台場エリアは、ゆりかもめ沿線上にフジテレビ本社ビルや「大江戸温泉物語」など、屋内で遊べる観光スポットが集まっているので、雨の日でも十分に楽しんでいただけると思います。

流行のスポットに興味があると仰る旦那さまと美術館巡りがお好きな奥さま、はたしてデジタルアートやお台場エリアはお2人のお眼鏡にかなったのでしょうか。気になるところです。

「お台場は雨の日でも楽しめる」。たくさんの人たちを案内しているコンシェルジュならではの名言です。

■つきじ&もみじ

2018年11月15日／A番：高橋

50代の元気なご夫婦2組が笑顔でカウンターへお越しになりました。

「私たちね、東京がまったくわからないの。これから築地へ行くんだけれど、紅葉も見たいのでおすすめの紅葉はどこかしら?」

ちょうど先日、東京紅葉情報を更新しましたのでお客さまへ一覧表をお渡しいたしますと、「何とまあ素晴らしい表ね。でも築地から近いのはどこなの?」

築地から歩いて行けて紅葉がお楽しみいただける場所は浜離宮恩賜庭園です。これから向かわれる築地へは事前にご自身で色々調べていらしたようですが、それ以外はノープランとのことでした。

すぐに浜離宮へ電話を掛け、本日の紅葉状況を確認いたしますと、ちょうど5分ほど紅葉が進み、十分紅葉をお楽しみいただけるということでした。お客さまへお伝えいたしますと、「いいじゃない！　行ってみるわね。紅葉を見るなんて言っているけど実はね私たち、京都から来たのよ」

「京都の紅葉が一番なのにここへ来ても紅葉を見たいなんてね～」と、４人でまるで修学旅行にでもいらっしゃったような新鮮でワクワクした気持ちを全面に出してお話しくださいました。

「またわからないことがあったら戻ってくるね」とカウンターを後にされました。

とてもパワフルなご夫婦２組に朝から圧倒されてしまいましたが、本日はお天気もよく紅葉狩り日和です。お客さま４人であれば最高の楽しい時間をお過ごしいただけるのではないかなと思いました。

午前中に訪れる人のなかには、このように自由な旅を楽しむ人が多いという。コンシェルジュたちは会話をキャッチボールさせながら、知りたがっていることを絞り込み、旅のプランニングをするという。

外国人が知りたいスポットは

外国語を話すことができるスタッフが多いコンシェルジュのカウンターには、訪日した観光客たちがキャリーバッグを転がしながら気軽に入ってくる。そんな人たちから飛び出す質問は実に興味深い。観光客に人気の店と認識していない飲食店を聞いてきたり、そんな条件で観光する場所を決めていいのという問い合わせがあったり。そんな海外の人たちとのやりとりを紹介しよう。

■有名なとんかつレストラン
２０１８年11月12日／Ａ番：西川

アジア系アメリカ人の女性のお客さまを１日に何度もご案内しました。

初めは「英語版の構内マップをちょうだい」という簡単なお問い合わせでしたが、回数を重ねるうちに新宿駅へのアクセスや「成田エクスプレス」ののりばなど、徐々に難易度が上がってきました。

最終問題として「とんかつのレストランに行きたいの。友人から美味しいからぜひ行ってみてって言われたの」と、特定のお店をお尋ねいただきましたが、店舗名がわからず、また東京駅周辺にはとんかつのお店が複数あるため返答に困ってしまいました。

何となくお客さまが呟かれた「友人が八重洲口を出てから左右に曲がらずに、ずっと直進って言っていたのよね～」という一言が決め手になり、八重洲地下街の「和幸」をご案内することができました。お客さまも「とっても助かったわ。ありがとう！」と喜んでくださいました。

リピーターのお客さまは、コンシェルジュに対する期待もより大きくなるかと思います。どんなお問い合わせに対しても、「わかりませんとは言いません」をモットーに、お客さまに納得していただけるご案内を心掛けてまいります。

「『わかりませんとは言いません』をモットーに」で、常に東京駅周辺の情報を集めている彼女たち。「八重洲口からまっすぐ」の言葉で店がわかる境地に至るまで、どれだけ駅周辺を歩いたのだろうか。

■豊洲市場が休場日
2018年12月12日／B番：西川

海外からお越しの女性より、豊洲市場へのアクセスをお問い合わせいただきました。あいにく本日は豊洲市場の休場日のため、その旨をお伝えすると、「オ～、バッドタイミングだったのね。今日、日本旅行の最終日だったんです。3、4時間余裕があるんですが、どこかおすすめの観光スポットはないかしら」と重ねてお尋ねいただきました。

本日までに、どちらの観光スポットへ訪問されたのかをお尋ねすると、京都、浅草、原宿、渋谷、新宿、東京、銀座と、主要な観光スポットはほとんど網羅されていました。美術館やショッピングにも興味がないとのことで、どちらをご案内したらよいか迷ってしまいました。

魚市場ではありませんが、上野エリアにはアメ横があります。さらにお客さまは、時間があれば浅草エリアへも足を延ばしたいと仰っていたので、アクセスのよさも気に入ってくださり、上野エリアをご案内いたしました。

「帰国するギリギリまで日本を楽しみたいの」と仰るお客さま。1秒でも長く、素敵な思い出を作っていただけていたら嬉しいです。

豊洲市場は基本、日曜日と祝日が休み。水曜日も休みの日が多いが、年末になると営業することも。そんな状況にもかかわらず、休日だとすぐにわかるあたりはさすがコンシェルジュ。市場の雰囲気を楽しみたいということでアメ横を案内する対応力もすごいの一言だ。

■観光プランを考えて
2018年12月18日／A番：高橋

外国人の20代くらいの男性より、「僕の宿泊先は地下鉄の入谷《いりや》駅の近くなのですが、入谷駅を起点に東京観光を1日楽しむ場合、どのようなきっぷを買うのがよいですか」とご質問を受けました。

入谷駅を起点にされるのであれば、東京メトロ24時間券を購入されますと便利ではとご提案をしますと、「いいね！　まずそれを買うよ。それで富士山の近くも行けるかな」

東京駅からは遠いことと地下鉄の24時間きっぷでは山梨県へ行くことができないとお伝えしますと、「へ～富士山は地下鉄で行けないんだね。知らなかったよ。あっ、鎌倉は近いかな」

鎌倉も地下鉄のきっぷでは行くことができないことをお伝えしますと、「へ～。鎌倉も遠いんだね。知らなかった」と仰っておりました。「僕は何も調べてなくて本もないから、どこへ行けばよいかな。どうしよう」と満面の笑みでご質問をいただきました。

日本ではどのようなものが見たいのか、どのようなものに興味があるかなどをお伺いいたしますと、「ん〜、よくわからない」と少年のような笑顔で笑っていらっしゃいました。

東京トラベルガイドをお渡しし、少しガイドブックを見ていただき、行ってみたい所などがあれば、いつでもコンシェルジュへ戻って来てくださいとお伝えしますと、「ＯＫ！そうするよ。ありがとうまたくるね」とカウンターを後にされました。

あえて何も調べず現地でその時の流れに従い楽しむという旅のスタイルは、通常よりも色々な発見があり、刺激的な旅の思い出が作れるのかなと少し羨ましく思ってしまいました。


このように、日本の情報をまったく仕入れずにやって来て、フラリとカウンターを訪れる外国人は意外と多いという。過去には来日初日にやって来て、おすすめの場所を聞き、帰国日に再びやって来て、「楽しかったよ！」と声を掛ける人もいたという。

■濡れたくない！

２０１８年８月７日／Ａ番：安田

「どこかおすすめの観光地はないですか」と、香港から来日された母娘がいらっしゃいました。

どんな所に行かれたいのかお尋ねすると、「雨に濡れない場所！」とのことでした。日本は何度もいらしているそうで、主要な観光地は網羅されていました。「昨日は日光へ行って来たの」とお母さま。喜んでいただけるハードルは高そうです。

ＪＲ ＴＯＫＹＯ Ｗｉｄｅ Ｐａｓｓをお持ちでしたので、熱海方面にも行くことは可能です。温泉はお好きか伺うと、「温泉は好きじゃないの！　美術館も好きではないわ」と仰ったため、思わず考え込んでしまいました。

そこで近場ですが、品川駅周辺にある「マクセル アクアパーク品川」のホームページをご覧いただくと、「あら、ここは素敵ね！」と、娘さんと顔を見合わせました。ホームページには花火アクアリウム ＢＹ ＮＡＫＥＤという幻想的なイルカのショーの画像があり、こちらがお２人の心をぐっとつかんだようです。

お2人にとってこちらが新たな日本の思い出として記憶に留めてくだされば嬉しいです。

あれもダメ、これもダメ。様々な制約があるなかでも手持ちのカードから「おすすめ」を出せる準備力のすごさが伝わるエピソード。ただ、イルカショーを間近で見たら濡れてしまうかも。

こんなお土産が欲しいのですが

コンシェルジュカウンターにたくさん寄せられる、土産に関する問い合わせ。そのほとんどが「お店の場所が知りたい」とか「あのお菓子はどこで売っている」といったものだが、なかにはレアケースの質問も。そんな変わり種の土産エピソードを紹介。

■子供が欲しがっているものは
2017年6月18日／A番：石井

「図々しいお願いなのですが」と、スーツをお召しの女性がいらっしゃいました。

「実は、息子にお土産は何がいいと聞いたら、電車の地図が欲しいと言われまして……。路線図をいただけないでしょうか」と。

「とんでもないお願いごとをされるのでは」と、身構えてしまった私は拍子抜けしてしまいました。お渡しすると、「あーよかった。本当にありがとうございます‼ これで仕事も、息子へのミッションも無事に完了しました！」と、大変喜んでいただけました。こんなにも路線図をお渡しして喜んでいただけたのは、初めてかもしれません。

普段何気なくお渡ししている路線図ですが、こんなにも喜んでいただける方もいらっしゃることを心に留めておこうと思います。

■記念のものじゃなくてもOK?
2018年1月8日／D番：石井

Suicaを知人にプレゼントしたいという女性がいらっしゃいました。東京駅のコンビニや券売機、みどりの窓口で販売していることはご存じでしたが、ラッピングされた状態や台紙にセットされた状態で販売されているかどうかお尋ねにいらっしゃいました。Suicaではなくても、図書カードのように封筒に入っているものでよいそうです。特別な記念Suicaをプレゼントするという発想がなかったため、とても新鮮に感じました。

しかし、そのような状態で販売されているのを見たことがありませんでした。電話で確認をしたところ、残念ながら、みどりの窓口やSuicaを販売しているコンビニではカードをそのままお渡ししているそうでした。

Suicaペンギンは、今では人気のあるキャラクターです。Suicaを購入できない地域にお住まいの方にプレゼントをしたら喜ばれるのではないでしょうか。さらに、ご自身でラッピングされたら、とても素敵なプレゼントになると思います。

■欲しいものは中身ではなく
2019年1月20日／C番：大村

「東京駅舎の柄が付いた缶入りのお菓子を探していて」と、お顔がそっくりの母娘よりお尋ねいただきました。お聞きすると、とくに決まったお菓子をお探しではないとのこと。そして、お菓子よりも「缶」がお目当てだそうで、「最近は、缶入りのお菓子がなくなってきているわよね。箱入りのものが多くなってるからね」と、ぼそりとお客さまが呟くように仰いました。

考えても思い浮かぶのは箱入りの商品ばかりです。悩んでいたときにふと、あの商品を思い出しました。「ヒトツブカンロ」の、東京駅舎柄の缶に入ったフルーティーアロマのど飴です。商品画像をお見せすると、お2人ともコクリコクリと深く頷きながら、「これにしよっか」と仰いました。お客さまの仰るとおり、東京駅で買えるお菓子は、箱入りの商品が非常に多く感じます。

いただきもののクッキー缶などを小ものの収納などとして使われる方もいらっしゃいます。お菓子の缶などは食べた後、使い勝手がよいため、お土産に選ばれる方も多いのかなと思いました。

第4章　忘れ物

どんなに注意していても人間だったらやってしまうのが忘れ物。普段から対策をとって細心の注意を払っている人でも、10年に一度は何かしらの忘れ物をするだろう。いっぽう、東京駅の2018年度の1日の乗車人数はおよそ68万人（東海道新幹線、丸ノ内線を含む）。この数字を見ただけでも、たくさんの忘れ物があることが想像できる。

コンシェルジュのカウンターには東京駅で発見された忘れ物が届けられ、大事なものを落としてしまって困っている人たちがたくさんやってくるという。

本章では、そんな忘れ物や落とし物についてのエピソードを紹介する。なかには豪快な忘れ物をする人も。

スマホを忘れた

なくしてしまうと、情報を入手する手段がたたれ、たちまちピンチに陥ってしまうスマートフォン。そんな大事なものだから、なくしてしまった人は慌てた表情で、コンシェルジュのカウンターにやってくる。

■トイレでメモ発見
2017年4月25日／C番：大村

びゅうスクエア内のトイレでは、スマートフォンやお土産の忘れ物がよくあり、コンシェルジュカウンターに届けられます。とくに女性用トイレでは、スマートフォンの忘れ物が多く、本日も拾われたお客さまが届けてくださいました。

すると届け出があり、まもなく1人の女性がトイレから駆け足でカウンターへいらっしゃいました。「トイレにスマホを忘れて、見に行ったらこれが」とお客さま。「これ」の正体は、「スマホ、総合案内に預けました」のメッセージと、拾得された時間が書かれたオレンジ色の折り紙でした。

詳細確認をし、ご本人へお返しすると、大変安心されたご様子でお帰りになられました。

昨年のお話なのですが、折り紙にまつわるご案内の機会があり、素敵なお客さまと出会いました。折り紙と縁があるようです。

このようなお客さま同士の心温まるできごとを見届けることができて、なんだかほっこりとした一日でした。

温かい心くばりを見せてくれた、スマホを届けてくれた人に、みんながほっこり。

■夜行バスが行き着く先は

2017年4月7日／A番：石井

「調べていただきたいのですが、東北急行バスの東京営業所へ行きたいです」と、女性のお客さまがいらっしゃいました。のりばではなく、営業所へ行きたいというのが気になりました。さらに、東京営業所は東京駅周辺ではなく東雲《しののめ》でした。

確認すると、東雲で間違いはないとのことでしたので、地図やのりかえ案内を印刷して差し上げました。のりかえ案内を検索しているときも、「あ〜、携帯があれば」と。その一言で気がつきました。「もしかしてバスのなかに携帯電話を忘れてしまったんですか」と尋ねてみると、「そうなんです」と悔やまれていました。

携帯電話はやはり便利で、行き方などを行きながら調べればいいやと思ってしまうこともあります。その分、手元にない状況下では、より不安になってしまうのではないかと思いました。

携帯電話やスマホが便利すぎるゆえに起こってしまったできごと。トラブルを避けるためには、タブレットや通話機能はないがＷｉ-Ｆｉ接続ができる古いスマホを一緒に持ち歩くしかないのか。

取ってください！

思わぬところにある意外な隙間。普段はまったく気にかけない空間にスポッと落ちてしまうトラブル。そんな想定外のできごとが発生したら、コンシェルジュたちは現場へ急行します。

■溝に落とした
2018年3月17日／C番：石井

「すみません。あのエスカレーターの溝にコートを落としてしまって。どうしたらいいですか」と、小さな女の子と一緒にお母さまがいらっしゃいました。

コンシェルジュカウンターのすぐ近くにあるエスカレーターは、下りと上りの間に溝があります。見に行くと、お話のとおりコートが落ちてしまっていました。手を伸ばせば取れそうな気もするのですが、微妙に思いました。駅の事務室へ連絡を入れると、エスカレーターを止める必要があるかもしれないが、以前も手を伸ばしたら取れたことがあるそうです。とりあえずスタッフが現地へ行きますとのことでしたので、お客さまと一緒にカウンターで待つことになりました。

コートは女の子のものだそうで、とても不安そうな表情をされていました。カウンターからエスカレーターを見ていると、JR東日本の制服を着た男性が下りて来ました。私たちに向かって、コートを見せてくれています。その瞬間、女の子の表情が明るくなり、こちらもとても嬉しくなりました。

幅のある溝ですので、もしかしたらこのようなことは、何回か起こっているのかもしれません。

コンシェルジュカウンター近くのものでなくても、エスカレーターには意外な隙間がある もの。乗る際は手すりにつかまることはもちろん、荷物の携え方にも注意が必要だ。

■小さな靴がスッポリ
2018年9月22日／A番：石井

赤ちゃんを抱っこしたお母さまがコンシェルジュカウンターへいらっしゃいました。困ったような、恥ずかしいような複雑な表情をされていました。「ベビー休憩室のおむつ交換台の横の隙間に、靴を落としてしまって。取ることができません」。おそらく、どこへ行けばよいのか迷われたため、複雑な表情をされていたのでしょう。

ご一緒にベビー休憩室へ行くと、隙間の奥のほうに可愛らしい小さな靴が落ちていました。私も手を伸ばしてみましたが、残念ながら届きませんでした。コンシェルジュにある長い棒状のものといえば箒です。お客さまにお断りをして、箒で対応いたしました。

そのとき、偶然にも赤ちゃんが笑顔になりました。きちんと状況がわかっていたのかもしれません。そして、ベビー休憩室内には、アンパンマンの曲も流れていて、連休初日とは思えない、和やかな空気が流れていました。

駅の案内だけでなく、可能な限りお客さんの要望に応えるよう心掛ける。それが東京駅

のステーションコンシェルジュ東京だ。

他の駅で忘れた

東京駅にやって来たら、持っていたはずのアレがない！　記憶をたどると……電車に乗る前に忘れていた。東京駅で相談しても大丈夫なのだろうか。そんな相談でも、コンシェルジュは可能な限り要望に応えられるよう心掛けている。

■20万円の行方は？
2018年10月30日／A番：西川

午前中、慌てたご様子のご夫婦が、「横浜駅か桜木町駅の構内に荷物を忘れてきてしまったんです」と駆け込んでいらっしゃいました。

紛失した荷物は旦那さまのショルダーバッグで、なかには身分証明書と20万円ほどの現金が入っていたそうです。そんな大金が入っていたとあれば、慌ててしまうのも無理はありません。

すぐに横浜駅と桜木町駅に問い合わせてみました。しかし、どちらの駅にも類似した拾得物はなく、お客さまにはＪＲ東日本のお問い合わせセンターの電話番号をお伝えし、間隔をあけ数時間後にお電話で確認していただくようご案内しました。

お昼休憩から戻った14時30分頃、お客さまの荷物ははたして見つかったのだろうかと思っていると、肩からショルダーバッグを下げた見覚えのある男性が笑顔で近づいていらっしゃいました。「いや～先ほどはありがとうございました！　東神奈川駅にあったので取りに行って来ました」と仰るこちらの男性は、午前中に対応した旦那さまでした。荷物が手元に戻ってきたことをわざわざ報告しに来てくださったようです。

海外では、落とした財布が戻ってくる優しい国として認められつつある日本。まさにそれを証明する瞬間に立ち会え、ほっこりと温かい気持ちにさせられました。

落とし物や忘れ物の問い合わせは、駅員に報告して、もしも出てきたら忘れ物をした本人に連絡がいく。そのためコンシェルジュたちは、その後どうなったのかわからないことが多い。そんななか、こういった「ありがとう」という報告があると嬉しくなるという。

■子供の大切なものが
2018年3月9日／A番：安田

「国分寺駅で落とし物をしちゃったんです……」と、小さな女の子を連れたご家族がカウンターへいらっしゃいました。

お話を伺うと、中央線に乗る直前に線路にお子さまのぬいぐるみを落としてしまったとのこと。「これから帰省するので12日まで国分寺駅で預かってもらうことはできますか」と、切羽詰まった表情で仰いました。

駅員の方に確認すると、国分寺駅では12日には違う場所に移管されるとのことでした。しかし、必ずその日に来てくださるのであれば今回は保管をしておきますと、回答をいただきました。お客さまにお伝えすると、緊張の糸が解けたのか柔らかい笑顔になり、「本当にありがとうございました」と仰いました。

落とされたぬいぐるみはアンパンマンのキャラクターのドキンちゃんだったそうです。きっと毎日遊んでいるお友だちなのでしょう、可愛らしい女の子がドキンちゃんと遊んでいる微笑ましい様子が目に浮かびます。東京に帰って来たらまた遊べることを楽しみに、帰省中はご家族と楽しんでいただけたらと思います。

他の駅で起こったトラブルでも、「落とし物をした駅に電話してください」で済まさないのがコンシェルジュ。国分寺駅の「12日に来てくれるなら預かります」という柔軟な対応も嬉しいサービス。

外国人の忘れ物は

落とし物、忘れ物の問い合わせで、もっとも深刻な顔をしてやってくるのは外国人旅行者。旅先でちょっとしたものを忘れた場合、諦めてしまうものだが、わざわざカウンターにくるということは、絶対に落としてはいけないものだからで……。

■なくしたら移動できない
2018年7月31日／A番：安田

サングラスをかけたワイルドな外国人の男性がいらっしゃり、「さっきロッカーの近くでジャパン・レール・パスを落としたんだ。ここには届いてないですか」とお尋ねいただきました。

残念ながら届いていないことをお話しすると、「これから京都へ行くのでパスがないと困るんだ」と、サングラス越しでも必死な表情が窺えます。八重洲中央口が本日分改札内の拾得物が集まる場所だということ、そこに改札係員がいるのでお尋ねいただくようお伝えすると、何度も経路を確認された後に急いで改札へ向かわれました。

はたして、お客さまのパスは拾得されていたのだろうか……と考えていると、数十分後にカウンターへお客さまがいらっしゃいました。「あったよ！」と手にはパスがありました。「イタリアなら考えられないよ」と興奮気味にお話しされていました。

日本が海外の方から評価されるのはこういった積み重ねなのかもしれません。自国の素晴らしさにも気がつけたご案内でした。

「イタリアなら考えられないよ」と、パスを落とした方はコンシェルジュに日本の素晴らしさを話していたようだが、このように素直にお礼を言いにくる姿勢は、日本人が見習うべき姿だ。

■落としたら家に帰れない
２０１９年１月23日／Ｃ番：川崎

先日、少し憂鬱そうに見える外国人の女性のお客さまがカウンターにいらっしゃいました。何があったのかしらと思いながら、お話を伺いました。どうやらお客さまはびゅうスクエアのトイレにパスポートが入っているバッグを落としてしまったようです。ちょうど1分前、日本人のお客さまから女性トイレのなかの忘れ物がコンシェルジュに届けられました。バッグの特徴はお客さまと話した特徴と一致しました。お客さまのお名前を伺いますと、パスポートに記載されている名前と同じですので、お客さまに確認して、返却しました。

自分のバッグを見たお客さまがすごく嬉しそうな顔をされましたが、お礼をいただく途中で急に泣き出しました。そして「ここに来てよかったです」との言葉をいただきました。

やはり外国旅行する際、一番大事なバッグをなくしてしまうと、どなたでも焦ります。その涙は安心の証拠だと思います。見つかったバッグを抱いて去っていかれたお客さまの姿を見て、私もすごく嬉しく思いました。

海外旅行で、なくしたら絶望的な気持ちになるパスポート。見つかったとき、ほっとし

て泣いてしまう気持ちもわかります。

■ありがとうＪａｐａｎ
２０１９年３月21日／Ｃ番：安田

数日前のお話ですが、「助けて欲しいんだ」と仰る外国人の男性２人組がいらっしゃいました。

お話を伺うと、20分ほど前に東海道新幹線の車内に財布を忘れてしまったそうです。困った表情をされるお客さまと、慰めていらっしゃるご友人を見ていると、どうか見つかって欲しいという気持ちになりました。

新幹線ホーム上の駅事務室に確認すると、「外国の方の財布ですよね」と、すぐに回答がありました。お客さまより詳細を伺った後に類似品の拾得があることをお伝えすると、「Ｊａｐａｎ!!!」と大きな声で叫ばれました。

こちらの一言で、日本に対して大変よい印象をお持ちであることがわかりました。財布も戻るほど平和な日本として認知していただけると幸いです。

日本では財布を落としてしまっても無事に見つかる。そんなエピソードが海外では有名になっているから「Japan!!!」と思わず声が出たのだろう。

■美味しすぎて、うっかり
2018年10月18日／A番：高橋

中年ご夫婦と思われる海外からのお客さまが何だか慌てたご様子でカウンターへ入ってこられました。

京都行きの新幹線のきっぷを出されたので、東海道新幹線ののりばを探していらっしゃるのかと思い、「新幹線ののりばの確認ですか」とお尋ねしますと、「違うの。新幹線に乗ろうと思ったんだけどスーツケースを改札外のレストランに忘れてきてしまったの。改札口で駅員さんにスーツケースを取りに行きたいと話しても英語が通じなくて、助けてください。新幹線出発まで20分しかないの」

思わず「行きましょう」とご夫婦と八重洲地下中央口へ。改札駅員の方に事情を話し、ご夫婦は「ありがとう、ありがとう」と改札を出てレストランへ走って行かれました。

八重洲地下中央口へご案内する間、ご夫婦は「グランルーフで食事をしていたんだけど、あまりに美味しすぎてスーツケースを忘れてしまったの」と仰っておりました。

新幹線出発までに20分しかないとのことだったので、色々お話しはできませんでしたが、スーツケースを忘れてしまうほど美味しいレストランはどこであったのかと、とても気になるところではあります。お２人の後ろ姿を見送りながらどうか無事に新幹線にご乗車できることを祈るばかりでした。

最近は、簡単な日常英会話程度ならできる駅員が増えている。だが、さすがに海外から来ている人がレストランにスーツケースを忘れるという、非日常レベルのできごとは対応できなかったのだろう。コンシェルジュのなかには、そんなまさかのシチュエーションの英会話も対応可能なスタッフがいる。

コンシェルジュの東京駅研究

いつもどこかで工事が行われている東京駅は、常に施設やショップがアップデートされている、進化し続ける駅。そんな変化をキャッチするため、コンシェルジュたちは、常日頃から駅の研究に励んでいる。

4月27日（木）、丸の内南口構内に、「プレスバターサンド」というバターサンド専門店がオープンするとの記事をWEBで見かけました。

このバターサンドに使われているクッキーは、オリジナルのプレス機を使い、和菓子の製法にルーツを持つ「はさみ焼き」をして作られるそうです。洋菓子なのですが、一見和菓子にも見える秘密がわかりました。

驚くことに、なんと工房一体型店舗となるそうで、日持ちの長い箱入り商品のみならず、焼きたての商品も販売されます。

余談ですが、東京駅で働いてからお土産として人気＆新発売のお菓子を買い食べるのが月に数回の密かな楽しみになりました。クッキー部門では、個人的にエキュート京葉ストリートの「東京ミルクチーズ工場」がダントツ1位なのですが、このバターサンドが今からかなり気になるところであります。

（2017年4月11日／B番：大村）

最近すっかり暖かくなってきたので久し振りに休憩時にグランルーフのデッキへ行ってきました。ポカポカ陽気と時折サッと吹き抜ける風がとても気持ちがよく、よい気分転換になります。人もまばらなため、個人的にもお気に入りのスポットです。20分ほどの滞在でも、充分リフレッシュすることができました。

東京駅の利用者が増えるＧＷ期間中は、人混みに酔われてしまう方もいらっしゃると思います。休憩場所として、よく喫茶店や待合所をご案内しますが、繁忙期はそちらも混雑することが見込まれます。ＧＷ期間中は暖かい日が続くようなので、選択肢の一つとしてグランルーフのデッキもご提案してみようと思います。

（２０１７年４月19日／Ａ番：西川）

本日は、「くすりステーション東京南口店」へ商品情報の確認をしに行って参りました。

決して広いとはいえない店内には、商品がぎっしりと陳列されていて驚きました。困ったときに購入したいと思うであろう商品や、「こんなものまで改札内で買えるの」と言いたくなるような商品の販売もあり、まさに「かゆいところに手が届く」店舗だと感じました。

くすりステーションのスタッフの方は皆さま親切で、嫌な顔一つせず対応してくださいました。店内も穏やかで和やかな雰囲気なので、お客さまも気持ちよくお買い物ができるのではないでしょうか。

こちらのスタッフの方々を見習い、お客さまが気軽に声を掛けられるよう、柔らかい雰囲気や美しい所作を意識したいと思います。

（2017年6月20日／A番：安田）

本日、久し振りに大手町駅周辺の地下道を歩いてみました。時々お尋ねいただく、パレスホテルを目的地としました。パレスホテル直結のC13b出口を目指し、東西線大手町駅経由で歩いてみました。行きはC13bの表記を追って歩くだけで、スムーズに行くことができ、コンシェルジュカウンターから約15分でした。勢いよく歩いたので、男性で15分、女性で20分、ご高齢の方やお子さま連れだと25分以上が目安になりそうです。次回は行幸地下通路経由で歩いて、比較してみたいと思います。

帰りに関しては、パレスホテル直結のC13b出口付近には〝東京駅はこちら〟というような表記がありません。ある程度東京駅に近づかないと、表記が出てこないため、恥ずかしながら、気がついたらグランキューブのほうへ進んでしまっていました。

私が迷ってしまった帰り道をご案内する機会はほとんどないかと思われますが、不安になるお客さまの気持ちを体験できましたので、今後のご案内に活かしたいと思います。

（2017年7月11日／C番：石井）

第5章　難問

「上は大水、下は大火事、これなーんだ？」

「パンはパンでも、食べられないパンはなーんだ？」

このレベルのなぞなぞなら誰もが即答できるだろう。

では、このようななぞなぞはいかがだろうか？

「帽子をかぶった男の子が描かれた缶入りのお菓子のある店、どーこだ？」

改札内だけでも数多くの店が並び、ショップの入れ替えも頻繁に行われる東京駅では、テレビで一瞬見かけた情報や、親戚が電話で伝えてきた言葉だけを頼りに、土産を探す人が多く、困り果ててコンシェルジュを頼ってくる。そんな人たちが話す内容は、なぞなぞのようなものばかり。

こんな難問を出題されたとき、彼女たちはどのようにして答えを導き出しているのだろうか。

難易度レベル1

まずは、東京駅に行ったことがなくても、なんとなくわかりそうな質問を紹介。このくらいなら、ヒントをもとにスマホで調べたら答えられるのでは？

■Q1　おにぎりの「ふんわり屋」
2017年7月26日／A番：沢田

「おにぎりのお店で食事をしたいんですが、『ふんわり屋』というお店はどちらですか？」と、女性のお客さまよりお問い合わせをいただきました。

「ほんのり屋」というおにぎり屋が1階にあることをお話しすると、「やだっ！　そのお店です。名前が全然違った」と、口に手を当て驚いていらっしゃいました。

「ふんわり」も「ほんのり」も、その意味や音から優しい印象を受ける言葉です。お客さまがついつい「ふんわり屋」と記憶していらっしゃったのもよくわかる気がします。

誰もがやってしまう、微妙な勘違い。普通の人なら聞いた瞬間に吹き出してしまうこのような勘違いでも、コンシェルジュたちは笑うと失礼にあたるからなのか、冷静に応対する。ちなみに「ほんのり屋」は、東京駅とその周辺のＪＲ東日本の駅にあるおにぎりのチェーン店のこと。

■Ｑ２　ゲンジなんとかのぶどうのなんか
２０１７年８月７日／Ｂ番：石井

「ゲンジなんとかっていうお店の、ぶどうのなんかを買いたいんだけど」と、お祖父さまがコンシェルジュのカウンターへいらっしゃいました。お祖父さまの頭のなかには、しっかりと情報がありそうです。口頭で説明するよりも、画像を見ていただくのが一番だと思い、「宗家源吉兆庵」の陸乃宝珠《りくのほうじゅ》の画像をご覧いただいたところ、正解でした。

画像をご覧いただくと、「そう、これこれ～！　奥さんに頼まれたんだけどね。買って帰らないと、ご飯食べさせてもらえなくなっちゃうんだよ～。肩身が狭くなっちゃうんだよね。いや～よかった、よかった」と、笑っていらっしゃいました。

こちらもお役に立てて、本当によかったと思わずにはいられませんでした。その後もメモを手にお土産の売場をお探しの別の男性がいらっしゃり、ご案内後に、携帯で奥さまとお土産についてやりとりをされていました。夏休み期間中でも、旦那さまはなかなか休む時間がなさそうです。

口頭で説明するよりも、画像を見ていただくのが一番。普段から様々な難問に応えているコンシェルジュたちのすごさは、とっさの場面での判断力にある。

■Q3　玉子の下に海鮮ごろごろ
2018年6月12日／C番：安田

「玉子の下に海鮮がごろごろ入っている弁当を買いたいんだよ」と、仰る男性がいらっしゃいました。

「えび千両ちらし」は、蓋を開けると単なる玉子焼き弁当のようですが、ちらりと玉子焼きをめくるとまさにごろごろとたくさんの海鮮が入っている玉手箱のような弁当です。こちらは「駅弁屋祭」で販売していることをお伝えすると、「今行ったらもうなかったんだよ」と、残念そうな表情を浮かべられました。

「明日、家内に買わないといけないんだけど、明日は売っているかな」と、お尋ねいただいたので、ＮＲＥ（日本レストランエンタプライズ）へ確認したところ、入荷時間は開店の午前５時半１回のみとのことでした。

「そうか、買えるかなあ。買えるといいなあ」と、明るく仰ったお客さま。無事にご購入いただけることを願います。

「玉子の下に海鮮がごろごろ」の言葉だけで、当然のごとく「えび千両ちらし」と書いているところに彼女たちのすごさが滲み出ている。

■Ｑ４　パンダの袋に入った海老のせんべい
２０１８年６月27日／Ｂ番：大村

「前にせんべいのお店で、パンダの袋に入った海老のせんべいを買ったのですが、お店の名前がわからなくて……」と、女性のお客さまよりお尋ねいただきました。

「2歳の孫がね、そのおせんべいを買ってあげたら『美味しい！』って食べてくれてね」

パンダの袋と海老せんべい。この2つのワードのお菓子といえば、「桂新堂」で販売しているパンダの旅が思い浮かびます。商品の画像をお見せすると、「あ～これかも、パンダのこれ」と、お客さまが仰いました。

2歳のお孫さんへのお土産として、パンダの旅をお探しだったお客さま。パンダをはじめ、東京の観光スポットのイラスト入りの海老せんべいは、小さなお子さまでも食べやすいサイズです。


小さなお子さまへのお土産で、ぬいぐるみや電車関連のグッズなどをお探しの方はよくいらっしゃいますが、菓子土産をお尋ねいただいた際はこちらの商品をお勧めしたいと思います。

孫が美味しいって言ってくれた。そんな情報を他の方への案内に活用しようという貪欲さは、見習うべき姿勢だ。

■Q5　ひらがなだけの名前
2018年7月19日／C番：石井

ジャムやお菓子などの食料品を扱っているお店に行きたいという女性がいらっしゃいました。以前、行かれたことのあるお店を探されていて、お店の名前が思い出せないそうです。「ひらがなだけの名前だったような……。スマイルとかニコニコとかそんなようなな」と仰います。

正解は「ニッコリーナ」でした。音の感じから連想ができました。

さらに、お店のホームページを見ると、『見てにっこり、食べてにっこり、知ってにっこり』の商品を取り揃えています」という紹介文も書かれています。お客さまが記憶されていたスマイルやニコニコというのは、適切な表現だったようです。

こちらもにっこりとしてしまうようなご案内でした。

ひらがなだけという第1ヒントを無視することは大胆なことに思えるが、人間の記憶の

八重洲地下街にある幸運の仔豚像ポルチェリーノ

曖昧さを考慮すると、大事なことかもしれない。ふんわり覚えていることより、記憶をじっくりたどって出てきた第2ヒントのほうが、頭を使って捻り出したものなのだから。

■Q6　イノシシの銅像？
2018年12月7日／C番：西川

「イノシシの銅像があったと思ったんだけど……」と、男性のお客さまよりお尋ねいただきました。

八重洲地下街には、幸運の仔豚像ポルチェリーノがあります。その旨をお客さまへお伝えすると、「ええ！　あれはイノシシじゃないの。牙もあったよね。あれは仔豚なの」と、笑いが止まらないご様子でした。

こちらの男性は、来年が亥年なので、ご利益をあずかるために銅像を見にいらしたのだそうです。

私もコンシェルジュ研修の際、「立派なイノシシだな」と思っていたところ、先輩に「イノシシなんですけど、名前は幸運の仔豚像っていうんですよ」と教えていただき、印象に残ったことを思い出して、なんだか懐かしい気持ちになりました。

新人の頃に先輩から聞いた何気ない情報が、このように案内の現場で使えることも。どんな些細なことでも受け流さず、心に留めておけば役に立つのだ。

■Q7　サイに行きたい？
2019年1月12日／C番：西川

20代後半くらいの女性のお客さまより、「1階のサイに行きたいんです」とお尋ねいただきました。耳馴染みのない単語でしたので、店舗名なのかそれとも施設名なのかすぐには判断することができませんでした。

そこでお客さまへ「お店の名前ですか。どういったお店ですか」と尋ねると、「このお店なんですが……」と、スマートフォンの画面を提示してくださいました。画面を拝見すると、そこには「駅弁屋祭」の文字が。祭を音読みされていたことに、このとき初めて気がつきました。

東京駅で働く私たちにとって、祭を「まつり」と読むことが当たり前になっていますが、お客さまからのお問い合わせで、「なるほど、そういう読み方もできるな～」と、大変勉強になりました。

過去にも、「桂新堂」を「かつらしんどう」とお尋ねいただいたり、「函太郎」を「はこたろう」とお問い合わせいただき、ご案内に時間が掛かった経験がございます。次回、同じお問い合わせをいただいた際には、スピーディーにお答えできるよう、これらの前例を心に留めておき、ご案内に活用したいと思います。

スマホの登場でスムーズに案内ができるようになった。20年前のコンシェルジュ開業時

だったら解決できなかった質問だったかもしれない。

難易度レベル2

続いては、頭の柔らかさが求められる問題。質問に書かれている文字だけに頼らず、想像力を膨らませて考えてみてください。グランスタのホームページを見ながら考えると答えがわかるかも。

■Q8　銀の鈴のどら焼き
2018年6月16日／B番：石井

「銀の鈴のどら焼きを買いたい」という問い合わせがここ最近、何件かありました。その正体はどら焼きではなく、「コロンバン」の銀の鈴サンドパンケーキです。グランスタ内に貼られているポスターを見て探されている方がほとんどでした。その商品のことを知らずに見たら、どら焼きのように見えます。

そんななか、本日いらっしゃった女性の方は、「東京駅の最中を買いたい」と仰いました。駅舎の形ではなく丸い形と仰るので、「三原堂本店」の東京駅最中の画像をご覧いただくと、「違います。中身は抹茶と小豆なんです」と。こちらの正体も銀の鈴サンドパンケーキでした。

銀の鈴サンドパンケーキは、どら焼きだったり最中だったりと、見る人によって正体が変わる不思議なお菓子になっているようです。今後、また違うお菓子として問い合わせがあるかもしれません。

このように日誌に書いて、コンシェルジュ全員で情報を共有することも「東京駅なぞなぞ」に強くなる秘訣なのだろう。

■Q9　バームクーヘンにザラメ
２０１８年10月19日／C番：西川

カウンターに立ってすぐ、「テレビで見たんだけど。バームクーヘンにザラメが付いたお菓子のお店を探しているだけど、どこかご存じですか」と、60代くらいの女性よりお尋ねいただきました。

業務日誌の情報などを確認する間もなくいただいたお問い合わせだったので、お客さまのお話を頼りに商品を探し、「ザ・メープルマニア」のメープルバームクーヘンだったことが判明しました。そのほかにも、「とんかつ　まい泉」「駅弁屋祭」についてご案内しました。

お客さまをご案内後、どの番組で紹介されていたのかを確認すると、昨日に放送されたばかりのカンブリア宮殿でした。朝から勤務しているコンシェルジュメンバーによると、午前中にもかかわらず、たくさんのお客さまから関連のお問い合わせをいただいていたそうです。

放送日から数日も経たないうちに、番組で紹介された商品を買いにいらっしゃるお客さまの行動力には、毎回のように驚かされます。お客さまの行動力を見習い、「思いたったら即行動」を心掛けてまいります。

なぜ問い合わせが増えたのか。疑問に感じたら原因をしっかり探って次につなげるのがコンシェルジュの流儀だ。

■Q10　山口県のふりかけ
2018年10月26日／C番：石井

久し振りに商品名や店舗名がわからない商品をお探しの方がいらっしゃいました。わかっているのは、左記の3点のみです。

・山口県のふりかけ
・中にごまと乾燥した山芋が入っている
・容器は細い瓶

改札内の店舗で購入されたことは確かだそうです。「紀ノ国屋アントレグランスタ店」「DEAN&DELUCA」「ニッコリーナ」「日本百貨店とうきょう」が可能性が高そうですが、１件目に電話をしたニッコリーナでそれらしき商品がありました。

上記の特徴を伝えると、すぐに「当店で販売している自然薯ふりかけという商品だと思います」と答えてくださいました。食品雑貨を扱っているお店はどこも商品数が多く、覚えるのも大変そうですが、スタッフの方の商品知識には驚くばかりです。

ざっくりヒントで答えを導き出した自分より、販売店スタッフの商品知識に驚くコンシェルジュ。その姿勢の低さは見習いたいものだ。

■Q11　ハトといえば……
２０１８年12月10日／A番：大村

「ハトの……」と、少し笑いながら中年男性がいらっしゃいました。

ハトといえば一番に思い浮かぶのが、人気菓子土産「豊島屋」の鳩サブレーです。お客さまに、「鳩サブレーですか」とお聞きすると、サブレーではなく餡が入ったお菓子とのこと。

餡が入ったハトのお菓子。ひょっとすると……と頭に浮かんだのは東京ひよ子です。お客さまにお伝えすると、「あ～ハトでなくてヒヨコだったか！」と、にこりとしながらお客さまが仰いました。お客さまの表情を見ていると、ついこちらも頬が緩んでしまいました。ハトとヒヨコ。どことなく型が似ているような気もします。

外の空気がひんやりと冷たい日でしたが、こちらのお客さまの温かな雰囲気に心がほっとなりました。

ハトとヒヨコを間違えることは、なぞなぞ質問が多数寄せられるこのコーナーでは間違いのうちに入らないかも。

■Q12　レンガと同じ大きさのカステラ

２０１７年10月３日／C番：大村

「レンガと同じ大きさのカステラを探しています」と、女性のお客さまよりお尋ねいただきました。

お客さまから聞いたお話では、カステラのなかにはクリが入っているみたいです。この時点では、お探しの商品の見当がつきませんでした。

レンガと同じ大きさ……カステラではありませんが、ぼんやりと似た商品が浮かびました。「ベルン」のレンガのお菓子です。画像をお見せすると、「そう、これこれ。ありがとう、行ってきます！」と、颯爽とお店へ行かれました。

しばらくすると、ベルンの袋を手にお客さまが、「買えたよ、ありがとう」と、わざわざご報告に来てくださいました。お土産として買われたそうですが、袋から箱を取り出して見せてくださいました。続けて、「中身ね、クリじゃなくてクルミだった」と、笑いながら仰る姿がとてもチャーミングでした。

笑顔を見ると、こちらまで幸せな気持ちになります。これからもお客さまと笑顔の連鎖を増やしていきたいと思います。

もしこれが、なぞなぞなら、「カステラって言ってるのに。ズルい」となる、いじわるなぞなぞレベルの問題だが、コンシェルジュたちはそんなひっかけにはだまされない。

■Q13　クロコダイヤという黒い饅頭
2018年10月9日／A番：高橋

「東京の銘菓でクロコダイヤという名前の黒い饅頭はどこですか」と、70代くらいの女性のお客さまがいらっしゃいました。「友だちが東京で有名な饅頭と、いつも買ってきてくれるのよ」とのこと。

すぐにクロコダイヤという名前の饅頭を検索しましたが、情報が出てきません。もう少し何かわかることはないかとお尋ねすると「奴という文字が箱に書いてあるの」

先輩と一緒に検索をすると、静岡県に本店を構える江戸時代より続く老舗の和菓子店「清水屋」の商品だということがわかりました。店舗はたくさんあるのですが、東京駅での販売はなく、近くでは日本橋高島屋で販売があるとのことでした。

お客さまへお伝えすると、ご自身では、東京では有名な饅頭で東京駅ですぐに購入できると考えていらしたのでとても残念そうでした。もうお疲れで髙島屋まで歩けないので諦めると、とても残念なお顔をされていました。

清水屋さんのホームページには黒大奴《くろやっこ》の饅頭の写真と「一人で一箱完食!? そんなことが不思議じゃない！」と謳われていて、饅頭の美味しさがホームページから伝わってきました。この饅頭を食べたことはありませんが、あまりに美味しそうな写真にお客さま以上に心のなかで残念に思ってしまいました。

黒大奴。漢字で見ると「クロコダイヤ」と思えなくもない文字だが……。言葉という音の情報と、文字という視覚の情報には大きな差異があることがよくわかるエピソードだ。

■Q14　3段重ねで2929円
2018年11月25日／B番：高橋

「お肉づくしのお弁当はあるかな。名前忘れてしまってねっ、お母さん」と、仲のよい60

代のご夫婦がカウンターへ入っていらっしゃいました。

どのようなお肉のお弁当なのかもう少し詳しく伺いますと、「とにかく肉肉肉なんだよね。テレビでやっていてね、3段弁当でね、値段は2929円だったと思う」と、かなりの有力情報をいただきお調べいたしますと、エキュート京葉ストリート内にございます「格之進TSB」で販売があることがわかりました。

お客さまにお伝え致しますと奥さまが「お父さん！　よかったね。あったってよ」と嬉しそうに旦那さまを見て満面の笑みを浮かべておりました。

2人の仲睦まじいお姿を見ておりますと、連休3日目の慌ただしい東京駅のなかにいるという現状を忘れてしまうほど心が和む一場面でございました。


ここまでヒントが出たら、彼女たちにとっては勝ったも同然といったところなのだろう。

難易度レベル3

最後はコンシェルジュの「聞き出す力」がないと答えが出てこない難易度の高い問題。最初のヒント（問い合わせ内容）だけで答えがわかった人は東京駅マスターです！

■Q15　数字の「8」が付くお店
2017年10月27日／A番：大村

「新しくできた喫茶店で、数字の『8』が付くお店はありますか」と、女性2人組よりお尋ねいただきました。

ここ最近だと8月30日オープンの店では、数字が付くお店はありません。思い浮かぶ喫茶店は1店のみでした。「8ではなく、5が付くお店であればございます」とお伝えしたのですが、お客さまの反応がいまひとつでした。

ぱきっとしたイエローの背景に、「5」が書かれた「ファイブクロスティーズコーヒー」

のチラシをお見せすると、「あぁ～確かに。見間違いかもね、ここのことじゃない」と、1人のお客さまが仰いました。

遠くから見た場合、もしくはさらっと見ると5と8は見間違えてしまう方も割といらっしゃるのかもしれません。

今回は、「新しい喫茶店」「8が付く」のヒントでお探しのお店が見つかりましたが、お店や商品に関する情報が少ない場合、東京駅には覚えられないほど数多くのお店が集まっているため、見つけ出すのに苦戦するときもあります。お客さまにご負担をかけずに、ご案内できるように努めて参りたいと思います。

一番有力な情報が間違えているという超難問。このレベルになると、テレビ番組で活躍するクイズ王でも解けないだろう。

■Q16　名前に〝月〟が付くお菓子
2017年11月10日／B番：西川

「東京駅で新月っていうお菓子が売っているって聞いたものだから買いにきたんだけど、お店の場所がわからなくて」と、70代後半〜80代くらいの男性よりお問い合わせをいただきました。

初めて聞く名前のお菓子だったため、すぐに業務日誌やインターネットでお調べしようと思ったのですが、これまでの経験上、似た名前の他のお菓子という可能性も捨てきれません。

名前に月が付くお菓子といえば、コンシェルジュでも度々耳にする「鎌倉五郎本店」の鎌倉半月があります。ホームページ上の写真をご覧いただくと、「あ〜これです、これです。新月ではなく、半月でしたか」と仰り、しばらく笑いが止まらないご様子でした。

ときにお客さまからいただくお問い合わせは、間違い探しやクイズをしているような感覚になります。ご案内する立場の私たちは、お客さまからいただくヒントから答えを導き出さなければなりません。もしかしたら、この先さらなる難題にあたるときがくるかもしれないので、そのときに向けて、日頃の業務を通して鋭い感覚を鍛えていきたいと思います。

聞き覚えがない名前が出たら、まずは聞いたことのある名前から似たようなものを探す。推理をするときは、こういう姿勢が大切だと思わせるエピソードだ。

■Q17　触るとぷにぷにするスクイーズ
２０１７年12月22日／C番：大村

「手で触るとぷにぷにするスクイーズってやつ、わかりますか」と、男性と女性のお２人よりお尋ねいただきました。

「キャラクターものなど、何か特定の商品をお探しですか」とお聞きすると、とくに決まった商品をお探しではないそうです。

スクイーズというワードではピンとこなかったのですが、「手で触るとぷにぷに」のフレーズで商品が思い浮かびました。「コンセント・グランスタ店」で販売している、様々なお顔をしたカオマルです。

現在もお店で商品の販売があるか確認しようとするも、お客さまご自身でお店へ行かれるとのこと。お店までの行き方のみのご案内となりました。その後、お店へ確認すると、

「販売しています」との回答が。お客さまは無事にカオマルと出会えたことと思います。

本日のような少しお探しが難しい商品をお尋ねいただいた際、調べることに集中してしまい、お客さまに気配りができていないことがあるので、気をつけてまいりたいと思います。

カオマルは絶妙な握り心地のストレス解消グッズ。野菜の形をしたものや果物の形をしたものなどが販売されている。

■Ｑ18　芋のお店
２０１８年１月17日／Ｃ番：安田

「芋のお店ってどこかしら」と、70代くらいの女性よりお尋ねいただきました。

芋でもサツマイモやジャガイモがあるので伺うと、「サツマイモなのよ！」と仰ったため、「鳴門金時本舗栗尾商店」なのではないかと頭のなかで考えていると、「なんかね、小麦粉に付けて食べるのよ」と続けてお話しされました。ひとまず、同店のホームページで写真をご覧いただくと、「あら、探していたお店かもしれないわ」と仰り、ショップへ向かわれました。

10分ほど経ち、お客さまが戻ってこられました。「あそこじゃなかったわ、どこなのかしら。もしかしたら大丸なのかも」とお話しされたため、芋のきんつばで有名な浅草「満願堂」のホームページをご覧いただくと、「ここよ、浅草のお店だったわ。なんだ大丸だったのね」と、はにかみながら足取り軽く大丸東京店へ行かれました。

お客さまが帰られた後、鳴門金時本舗栗尾商店と満願堂の商品をよく確認すると、小麦粉のような白い粉が付いているようにも見えます。

今回のお問い合わせはサツマイモというわかりやすい商品でしたが、お問い合わせによっては答えにたどり着けないこともあるかもしれません。自分だけの価値観ではなく、広い視野でものごとを見ることの大切さを感じました。

東京駅のエキスパートでも、なぞなぞ系の質問には即答できない難問がある。とはいえ、

お客さんが再訪したときに答えを導き出せるのはさすが。

■Q19　やじろべえみたいな民芸品
２０１８年1月26日／B番：石井

民芸品を売っている場所をお探しの男性がいらっしゃいました。少し前に、奥さまが東京駅で買われた置物をお探しでした。

「なんかこうやじろべえみたいでね。あ、絵を描くよ。木の台に針金がさしてあって、その針金に鬼がぶら下がっていてね。節分用の飾りだと思うんだよね。なかなか粋なんだよね」と、絵を描いて説明してくださいました。

実物を見ていないため、正直、わかったようなわからないような感じでしたが、この説明で雑貨を扱う店へ電話をしてみました。「日本市」の方から「たぶん、それはうちで販売していたものです」と、嬉しい回答がありました。残念ながら節分用のものは完売していましたが、同じシリーズの雛祭りと鯉のぼりの置物は今も取り扱っているそうです。お客さまも、「そのデザインなら、これから使えるね」と、さっそくお店へ向かわれました。

私も店舗へ見に行くと、奥の一番上の棚に飾られていました。やじろべえや針金から、力強いものをイメージしていましたが、柔らかい印象の置物が置かれていました。普段、お店の前を通っても、注意して見ていなかった場所でした。まだまだ東京駅には面白い商品が眠っていそうです。

テレビでよくある、イラスト伝言ゲームのような展開。クイズ番組は不正解でもポイントがもらえないだけだが、コンシェルジュは信頼を失う可能性があるので大変だ。

■Q20　チョコレートをワッフルで挟んだ
2018年3月28日／C番：西川

「すみませーん」と、仲睦まじいご夫婦より声を掛けていただきました。旦那さまが、ゴソゴソとポケットからメモを取り出し、「買いたいものがあってね、メモに商品名を書いてきたんです」と、そのメモをご提示くださいました。

メモには「GUUPEN WAFLES」と書かれており、初めて聞く商品でした。インターネット検索するも該当する商品がないため、お客さまの記憶に残っている情報を頼りに商品を特定することにしました。

「パッケージは青くて、チョコレートをワッフルで挟んだ商品なんだけど……」。もしかしたらと思い、「東京チョコレートワッフルサンド」のホームページをご確認いただくと、「そうそう！　これです」と、満面の笑顔で旦那さまが仰いました。

横にいらっしゃった奥さまからは、「あなたったら。何をメモってたのよ〜」と可愛らしいツッコミがあり、思わずほっこりとした気持ちになりました。それにしても、お客さまは何を見てメモをとったのでしょうか。無事に販売店をご案内できましたが、そちらが気になるところです。

なぜ、意味不明なメモをとったのか。そのことに関心を持つことが、こういったなぞなぞ系の質問に答えるための頭の柔らかさにつながるのだろう。

■Q21　マーメイドみたいな名前のお店

２０１８年６月16日／Ａ番：西川

久々に20代くらいの男性より、「う〜ん」と唸ってしまうような難しいお問い合わせをいただきました。

こちらのお客さまは特定の店舗をお探しだったのですが、肝心の店舗名がどうしても思い出せないようで、記憶を絞り出し、「スイーツ系の甘いお店で、なんだっけな〜、マーメイドみたいな名前のお店で……」と、指をぐるぐる回しながら仰いました。

当然〝ぐるぐる〟も商品に関係するヒントなのかと思い、「ニューヨークパーフェクトチーズ」のチーズエスカルゴやロールケーキのようなぐるぐるとした形の商品をいくつか挙げてみましたが、お客さまの表情は晴れません。

渋い顔をされて無言になられてから数分後、ぱっと顔を上げ、突如「メープル系のお店!」とつぶやかれました。お探しだったお店は、「ザ・メープルマニア」でした。おそらくメープルマニアという響きから、マーメイドを連想されたのでしょう。ぐるぐるの謎は最後までわからずじまいでしたが、マーメイドの謎が解け、すっきりしました。

マーメイド、メープルマニア。日誌にさりげなく「連想されたのでしょう」と書いてあるが、一般の人にはなかなか解けない伝言ゲームだ。

■Ｑ22　林先生が美味しいと言っていたお菓子
２０１８年７月12日／Ｂ番：石井

「林先生が一番美味しいって言っていた黒糖味のお菓子を買いたい」という男性がいらっしゃいました。「ナカムラ？　コナカ？　何て名前だったかなあ」と、うろ覚えのご様子です。

林先生とは、予備校講師でありながら、バラエティー番組によく出演されている林修さんのことでした。

お調べすると、大丸東京店にある「駒込中里」の南蛮焼が少し前のテレビ番組で紹介されていました。番組内で林先生が、「東京で一番美味しい南蛮焼」と紹介していたそうです。お客さまのお話のとおり、皮には沖縄産の黒糖が使われているようです。

これらの情報から、こちらの商品ではないかとお伝えすると「あれ〜、ナカしか合ってなかったなぁ。ははは」と、笑っていらっしゃいました。名前は違っていましたが、ヒントになりそうなことをたくさん覚えていてくださったおかげで、たどり着くことができました。引き続き、お時間がある方でしたら、じっくりとお話をお伺いしたいと思います。

テレビ番組で紹介されたものは、放送直後から問い合わせが増えるという。そのことから日誌にはテレビで紹介されたものの問い合わせが多数記されている。

■Q23　フランス語のようなチーズケーキのお店
2018年9月29日／C番：高橋

「チーズケーキを探しているの。でもね、息子に言われたお店の名前が思い出せなくて」と、女性のお客さまがお困りの顔をされて入っていらっしゃいました。

私はチーズケーキを販売しているお店をいくつかお伝えしましたが、お客さまは、「そういう名前じゃないのよ、何かねフランス語のような……ごめんなさい思い出せないの」

先輩にすぐに相談して、2人で色々とチーズケーキのお店を検索していると、お客さまが、「確かエシレバターが、そうそうバターが」と思い出していただきました。その情報から確かエキュート東京にフランスの高級バターを使ったお店があることを思い出しました。

先輩が「ベイユヴェール」のお店を口にすると、お客さまと私は思わず顔を見合わせ、「それです！」と、2人で声を上げてしまいました。お客さまへお店の場所とそのお店が明日までの期間限定のお店と伝えると、「よかった。ありがとうございました」と、笑顔でコンシェルジュを後にされました。

このようなご案内は毎日のことですが、私も心からよかった、嬉しいと思える瞬間です。もっとたくさんこのような嬉しい瞬間を感じることができるよう、自分の情報量を増やしてご案内できるよう、努めていきたいと思いました。

商品名や店の名前がわからないなら、商品の特徴を聞き込む。相手の目線に立ち、多様なアプローチを試みる姿勢は、どのビジネスでも使える仕事術と言えるだろう。

■Q24　行列のできるお店で丸い形の洋菓子
２０１８年10月10日／B番：西川

「母がある商品を探しているのですが、まったく情報がなくて。アドバイスいただけますか」と、困ったご様子の男性よりお問い合わせいただきました。

すぐ傍にいらしたお母さまに伺うも、商品名・店舗名はご存じありませんでした。関西のテレビ番組で紹介されていたようで、唯一「行列のできるお店で、丸い形の洋菓子」という情報をお持ちでした。

男性は、「それじゃ、わからないよ」と、半ば諦めていたご様子でしたが、条件に当てはまる商品が思い浮かんだので、その商品のホームページを確認していただいたところ、お母さまは、「わーすごい！　そうです、これです」と、元気に反応してくださいました。お探しの商品は、大丸東京店の「ニューヨークシティサンド」で販売しているN．Y．キャラメルサンドでした。

すると、男性もご存じの商品だったようで、「なんだこれか。羽田空港でも行列ができている店だよ。羽田空港で買おう」と、親子そろってスッキリとした表情で去って行かれました。お2人のモヤモヤを解消するお手伝いができ、私の気持ちも晴れやかでした。

コンシェルジュの仕事は相手の役に立つこと。結果、東京駅周辺のショップの売り上げがあがらなくても、問題を解決できたことがなにより喜びなのだろう。

■Q25　８０４はどこにある
２０１８年10月28日／A番：安田

「８０４はどこにありますか」と、80代くらいの男性よりお尋ねいただきました。

８０４……と私の頭のなかには店舗やロッカー番号など様々なものが浮かびましたが、まったく見当がつきません。どんな所なのか伺うと、「今日セミナーがあるんです」と仰いました。

お客さまは本日、その「８０４」という施設で開催されるセミナーに行かれるとのことでしたが、案内用紙を忘れてしまったとのこと。わかっていることは出版会社が主催するセミナーで、13時から開始するという2点でした。

ウェブ検索をするもなかなか情報がヒットしません。しかし迷宮入りさせるわけにはいかないので様々なワードで検索をすると、「アットビジネスセンター東京駅」の情報を見つけました。お客さまに情報をご覧いただくと、「そうそう、これです」。アットビジネスセンター東京駅の４０８号室で開催されるセミナーでした。

難解なお問い合わせに頭を悩ませることもありますが、お客さまの笑顔が見ると嬉しい気持ちでいっぱいになります。

一番大事な数字間違い。しかも東京駅周辺のビルの情報。彼女たちの守備範囲の広さを感じる謎解きだ。

■Q26　味のしないお菓子？
２０１８年12月20日／Ａ番：安田

「白くて餅みたいな食感のお菓子、どこで売ってるかな」と、ご年配の男性よりなぞなぞのようなお問い合わせをいただきました。

洋菓子なのか和菓子なのか。そしてどんな味がするのか伺うと、「和菓子なのかな、味はしないんだよね」と、なぞなぞの難易度がグッと上がりました。

味がない和菓子……。頭のなかではぐるぐると和洋様々な菓子が走馬灯のように駆け巡りましたが、ピンとくるものがありません。するとお客さまが、「何かをかけるんだよ」

と、ビッグヒントをくださいました。

くず餅は、そのまま食べても味はあまりありませんが、黒蜜をかけると素材の美味しさを存分に味わうことができます。「船橋屋」と「舟和」、どちらのくず餅かお尋ねすると、「舟和の久寿もちだよ」と、笑顔で仰いました。

日頃よりお客さまからは様々な難題をいただきますが、謎解きができたあとの達成感が味わえるのもコンシェルジュの醍醐味だと感じます。


「味のしないお菓子」から、くず餅を連想するのは至難の業。聞き込むことの大切さがわかるエピソード。

■Q27　タルトのお店で難しい名前
２０１７年６月４日／C番：大村

「以前行った『〇〇～東京から』という洋菓子店に行きたい」と、ご家族でいらっしゃったお客さまよりお尋ねいただきました。

続けて、「タルトの美味しいお店で、難しい名前だったと思うの」と、お客さまが仰いました。この一言が大ヒントでした。

お探しだったのは、エキュート東京にある洋菓子店「ル　ビエ～プロデュイ　パー　ア　ラ　カンパーニュ～」でした。店名を読み返すと、確かに思い出すのは難しい店名です。

お店の場所をご案内すると、小学校低学年くらいの息子さんがお父さまの横で突然泣き出しました。どうしたのかなと思っていると、「この子、たったさっき買った本を駅で落としちゃってね、私と旦那に怒られてたんですよ」と、お母さまが仰いました。

代わりに……と、「はやぶさ」のポストカードをお渡ししてもずっと泣いていました。本に関しては残念ですが、ル　ビエのタルトで、少しでも元気になって欲しいです。

洋菓子、生菓子系の店が多い東京駅は、おしゃれな名前の店舗も多い。そんななかでも、「タルト」と「難しい」の2つのヒントで答えにたどり着けるのは、普段から駅構内を回り、店のチェックをしているからだろう。

日本人もびっくりの問い合わせ

年々増え続ける海外からの観光客。コンシェルジュのカウンターにも外国語で話しかけてくる人が年々増えているという。そんな各国の言葉で聞いてくるもののなかには、日本人が、そしてコンシェルジュたちが想像できない問い合わせが……。難解を超えた驚きの質問を紹介したい。

■スーツケースの捨て場所は？
２０１７年４月15日／Ｂ番：西川

シンガポールからいらした２人組の女性より、「スーツケースを２つ捨てたいんだけど、どこに置けばいいの」と驚くようなお問い合わせをいただきました。

大丸東京店で新しいスーツケースを買ったので、持ってきたスーツケースを捨てて帰りたかったそうです。駅構内の清掃業務を行っている会社さまに問い合わせてみましたが、案の定「捨てられません」との返答が戻ってきました。

しかし、お客さまは食い下がります。駅員の方に確認をとり、色々と解決策を探していただきましたが、やはり粗大ゴミ扱いとなるため、東京駅では捨てられないとお断りしました。

お客さまは渋々承諾されましたが、国が違えばこんなに反応も違うのか、と軽いカルチャーショックを受けました。

後ほど調べてみると、ポイ捨てに厳しいイメージのあるシンガポールですが、数年前までゴミの分別収集の習慣や法規がなかったため、日本ほどゴミの分別が進んでおらず、好きなときに好きな量のゴミを捨ててしまえるのが現状だそうです。「なんで捨てられないの」というお客さまの反応も、この事実を知った今であれば納得です。

訪日外国人が増加傾向にある今、今後も驚くようなお問い合わせを受けるかもしれません。東京にいながら、異文化を感じられるその日が少し楽しみでもあります。

■山手線はビジネス専用電車？
2018年3月／C番：沢田

駅を行き交うお客さまの足が一段と速くなる平日の18時頃。1人の外国人女性がコンシェルジュのカウンターへこられ、「これから山手線に乗ろうと思うんですけど、この時間帯はビジネスマンばっかりですか」と、真面目な顔をして尋ねてこられました。

ある程度混んでいることが予想されることをお伝えすると、「混雑している電車は本当に疲れるから、できるだけ避けてるの。でもね、どれだけホームが混雑していてもみんな列に並んで待っているし、車内でも静かにしているし、聞いていた以上に日本人ってすごいわ」と、感心されていました。

海外では、日本のラッシュアワーの大混雑は大変有名なようです。日本に行ったら体験してみたい項目に入っていたり、その光景を写真に撮りたいという方も、なかにはいらっしゃるようです。

私たちにとっては当たり前の光景ですが、海外の方々にとっては文化の違いとして面白く映るようです。ほかにも、渋谷のスクランブル交差点や原宿の竹下通りは、外国人観光客の方々が好んで訪れるイメージがあります。

あらためて外国人の方の目線で日本を見てみると、新たな発見があるかもしれませんね！

第6章　プロフェッショナル

「わかりませんとは言いません」

この言葉をモットーにこれまでにないインフォメーションを目指し、東京駅にステーションコンシェルジュが誕生したのは2000年のこと。

以来約20年、利用者から寄せられた質問や、そのときに行った対応は細かく記録され、改善点は日々、俎上にのせられ、サービスは日々アップデートされている。

そんな記録のなかには、日常生活に役立つトラブルの対処法や、ビジネスで応用できそうな実践術、海外の人とコミュニケーションをとるのに役立つ会話術も数多く残されている。

本章では、様々な難問に対応してきた実践例や、彼女たちが語る仕事への姿勢を紹介する。コンシェルジュの取り組み方がわかれば、ビジネスシーンでも大いに役立つだろう。

常に出せるようにしておく準備力

本書で取り上げた業務日誌による、現場で得られたデータの蓄積や、最新の情報を収集するため、時間があれば駅を巡回するコンシェルジュたち。そんな準備力は、ほかのビジネスシーンでも大いに役立つ要素だろう。

■休日OKの場所も把握
2017年6月24日／A番：大村

「すみません。連れの足に釘が刺さって怪我をしました」と、お困りの表情を浮かべたお客さまがいらっしゃいました。足に釘……お連れさまは大変痛い思いをされているに違いありません。本日は土曜日です。外科がある医院で本日でも診療している医院が、鉄鋼ビルにある「東京ビジネスクリニック」です。

コンパクトな医院ですが、内科をはじめ外科、小児科、皮膚科、その他予防接種などの自由診療も行っている総合診療所です。診療時間は、土休日も含めた毎日の9～21時と緊急の場合にも非常に便利です。アクセスも楽なため、何度か体調不良などでいらしたお客さまにご案内したことがあります。

余談ですが、私も一度お世話になったことがあります。退勤後、最も混むであろう夕方に予約なしで行くと、待合席は仕事帰りと思われる方でいっぱいでしたが、初診でも10～20分ほどで診察を受けることができました。院内は清潔感があり、照明も明るすぎず、落ち着いた雰囲気で安心感がある空間でした。お客さまより近くの診療所をお尋ねいただいた際、こちらの医院をすすんでご案内していきたいと思います。

足に釘が刺さった人がやってくるというのもすごい状況だが、もしものときに備えて、土休日でも診察を行っている診療所の位置を把握していて、すぐに場所を説明する彼女たちの危機管理能力もすごい。ちなみに、現在は、丸の内地下北口を出てすぐのところにも「東京ビジネスクリニックグランスタ丸の内」ができており、さらに東京駅からのアクセスが良くなっている。

■ウケ狙い？
2018年2月23日／C番：石井

東京土産として、お菓子をお探しの男性2人組がいらっしゃいました。「定番のものとかではなくて、新しかったり、まだそんなに有名じゃない何かはありませんか。甘くないものがよいです」と、珍しいご質問でした。

普段は、有名なものや人気のある商品を聞かれることが多いので、新鮮でした。こちらもどの商品をご案内しようか迷ってしまいました。ここ最近、パンダブームで注目を集めている「桂新堂」のパンダの旅を提案してみました。40代と30代の男性でしたので、可愛い！　と女性のように喜びはしないでしょうし、どうかなと反応を見ると、「へぇ～。ウケ狙いで買っていく」と、興味を示してくださいました。

「パンダの旅はウケ狙いになるのかな」と、疑問でしたが、その後ご案内した「東京かみなりや」の商品には、まったくと言ってもいいほど、ご興味を示してくださいませんでした。

お客さまによって、反応が様々なのが興味深いです。

こんな、想像の斜め上をいく質問が出てきても、サラリと案を出すのがコンシェルジュ。そのために彼女たちは勤務中、交代で駅のなかのショップを巡り、自分たちで情報を仕入れているという。下準備の大切さがわかるエピソードだ。

■おしゃれな喫茶店を
2018年5月18日／C番：大村

昨日のご案内なのですが、女性のお客さまより、「東京駅や東京駅の近くでおしゃれな喫茶店を教えてください」と、お尋ねいただきました。

お客さまのご希望はこちらでした。

・洋風のお店
・女の子が好きそうな所
・美味しいお店

・おしゃれな雰囲気

東京駅改札外にある数店をご案内するものの、お客さまのお好みのお店は見つからず、考えていたときに、ふと浮かんできたのが、三菱一号館美術館の「Ｃａｆé１８９４」でした。

東京駅で働いてからずっと気になっていたものの、いまだに行ったことがない喫茶店なのですが、ドラマや雑誌で何度か見たことがあります。「レトロな異空間」というイメージがある、素敵な喫茶店だと思います。

お客さまに、ホームページよりお料理の写真や店内の様子をお見せすると、「え〜可愛い。素敵。ここがいい〜」と、大変嬉しいリアクションが返ってきました。お客さまのご希望にぴったりのお店だったようです。

「ありがとうございました。ここに行ってみます〜」

ニコニコとお客さまが、ワルツを踊るような足取りで、カウンターを後にされました。いらした時間帯、お客さまの服装からおそらくお仕事帰りの方だったと思います。その後、ゆっくりとお仕事終わりの時間をお過ごしいただけたら、嬉しく思います。

行ったことのある場所はもちろん、テレビや雑誌でチラリと見た、東京駅近辺のスポットも頭に入れておく。そのアンテナの張り方にプロフェッショナルとしての意識の高さを感じる。

■女子が喜ぶもの
2018年5月28日／A番：安田

「おすすめのお菓子を教えてください」と、女性のお客さまがいらっしゃいました。

こちらのご質問、コンシェルジュでも度々お尋ねいただきますが、今回のテーマは「女子が喜ぶものでかつ、ちょっとつまめるもの」というものでした。

考えていると、「ちなみに、みんな『ピエール・エルメ・パリ』のマカロンが好きなんです」と、さらにハードルが上がりました。

マカロン繋がりで、まずは「アルデュール」の東京グランマカロンをご案内しました。写真をご覧いただくと、「これ可愛いですね」と、お客さまの目はキラキラしていました。

しかし、もう少し手軽なものがよいとのことで再度考え、思い浮かんだのは、東京百年物語キリンレモンサンドクッキーです。パッと目にとまる爽やかな黄色のパッケージは初夏にはぴったりです。個人的な印象では、こちらの催事は女性の方よりお尋ねいただくことが多いように感じたので写真をご覧いただくと、「こういうのがいいです。これにします」と、ご希望にお応えできたようで安心しました。

これから暑くなるにつれて、涼しげなもの、さっぱりしたもの、ビールに合うもの……様々なお問い合わせをいただくかもしれないので、今から考えておきたいと思います。

「おすすめ」だけなら自由に勧めることができるが、「マカロン好き」というところで味の方向性が絞られてしまった。そんななか、いったんは東京駅のマカロンという定番商品を選択するが、駅構内を歩き、自分の目で見た情報から別のものを提案して喜ばれる。自分の目で確かめた「生きた情報」の重要性がわかるできごとだ。

■ヒントは袋にあり

2018年3月3日／C番：大村

「グレーの袋に入った、クッキーのお店を探しているのですが」と、3人家族がいらっしゃいました。

すぐに思い浮かんだのが、「プレスバターサンド」でした。画像をお見せすると、「ああ、これです」と、お母さまが即答されました。横にいた娘さんとお父さまも、「あった！」というような表情をされていました。

ご案内すると、しばらく経った後に再びご家族がいらっしゃいました。お母さまより笑いながら、「何度もすみません。動物がドーナツの真ん中に入ったドーナツのお店はわかりますか」とお尋ねいただきました。

エキュート京葉ストリートの「シレトコドーナツ」では……と思い、画像をお見せすると、「すごい！　ここです」と、お母さまが仰いました。

するとお父さまが、「どうしてわかるんですか」と、笑いまじりで仰いました。今回はお母さまのヒントで2店ともスムーズにご案内することができました。

ここで聞けば行きたいお店へ行ける！　そう、より多くのお客さまに感じていただけるよう、努力してまいります。

問い合わせの多い店に関しては、商品の特徴はもちろん、袋の色もチェックする。あらゆる可能性を想定して準備しておくのがコンシェルジュ流。

■本屋さんじゃなくて
2018年6月10日／C番：大村

「本屋みたいな名前で、お酒を売っている店があったと思うんだけど……」と、男性のお客さまよりお尋ねいただきました。

お尋ねいただいたとき、初めはお客さまがどちらのお店をお探しなのか、まったく見当がつきませんでした。

そのお店では、食品も販売していたとのこと。しばらく考えていると、1店だけ思い浮かんできたお店がありました。「紀ノ国屋アントレ　グランスタ丸の内店」です。おそらく、「本屋みたいな名前」というのは「紀伊國屋書店」を想像されていたのだと思います。「キノクニヤですか」とお聞きすると、「ああ～、紀ノ国屋。たぶんそこです」と、お客さまが大笑いされました。

久し振りに難しい質問をいただきましたが、無事にお探しのお店をご案内できて安心しました。

業務日誌に書かれているように、読みは同じでも書店は「紀伊國屋」、食料品を扱うのは「紀ノ国屋」と表記が異なる。「紀ノ国屋」は関東エリアにある高級スーパー。

■ウネウネブルー
2018年6月27日／C番：西川

ヒジャブといわれる布を頭に覆った東南アジア系の若い女性のお客さまより、「探しているお菓子があるんです。助けてください」と、声を掛けていただきました。商品や販売店の名前をご存じではなく途方に暮れていたところ、コンシェルジュを見つけたそうです。

商品の特徴を伺うと、しばらく考えた後にブルーのパッケージであること、指をウネウネと上下させ波のような形のクッキーであるというヒントをくださいました。

以前も同様のお問い合わせをアジア圏からのお客さまよりいただいたことが数回あった

ため、すぐにお探しの商品が東京カンパネラであるとわかり、無事に販売店をご案内することができました。

もしかしたら、東京カンパネラはアジア圏のお客さまに好まれやすいお菓子なのかもしれません。この気づきを今後のご案内にも活かしていきたいと思います。

業務日誌だけでなく、これまでの問い合わせを記録することで対応できた案内。どんなことでも記録することがインフォメーションでは大きな財産になるのだ。

要望に正確に応えるための聞き出す力

現代のビジネスでは、スピードが要求される場面が多いが、時間を掛けてしっかりコミュニケーションをとり、相手が本当に求めているものはなんなのかをつかんでから動き出す。コンシェルジュたちはそんな姿勢で利用者に満足のいくサービスを提供する。

■40人に配りたい
2018年3月11日／A番：大村

数日前のことですが、20～30歳のサラリーマン風の男性がいらっしゃいました。カウンターの外から、少し遠慮がちに微笑みながらこちらを覗かれていたため、「こんにちは。どうぞ」と、できるだけお客さまがカウンターへ入りやすいよう、普段より大きな声で手を上げました。

するとお客さまが、「あっ、すみません。すごくざっくりな質問で申し訳ないのですが、菓子土産で大人数へのばらまき土産におすすめのお菓子を教えていただけますか。すみません」と仰いました。

続けて、「美味しくて、お手頃なものがよいです」と一言。「何人くらいへ渡すお土産ですか」と尋ねると、会社の人（40人くらい）に渡すお土産をお探しとのことでした。ばらまき土産と聞き、20人くらいかな、と思いきや、かなりの人数だったため、聞き出しをしてよかったと心のなかで安心しました。

そこで思いついたのが、「上野凮月堂」の東京カラメリゼです。サクサクの香ばしく焼いたウエハースのお菓子です。老舗の商品ですが、お手頃価格、内容量も多いため、こちらのお客さまへご案内しました。

「いいですね！　菓子コーナーをひたすら回って、1人でずっと迷っていたので……助かりました、ありがとうございました」と、嬉しいお言葉をいただきました。お役に立ててほっとしました。


要望に少しでも早く応えようとして、こういった質問は、お客さんからの言葉が終わった瞬間からパソコンを使ったり、資料を引っ張り出したりしてリサーチを開始しがち。だがその前に、こちらから「何人くらいに渡すお土産なのか」と、相手に要点を聞き返して情報を絞り込む。こういった姿勢は、他の仕事にもつながる大事な要素だ。

■練馬区と思ったら
2017年6月14日／A番：大村

東南アジア系の方と思われる2人の女性がいらっしゃいました。少し日本語がお話しできる方々で、「サクラダイ」へ行きたいとお尋ねいただきました。
サクラダイで検索すると練馬区の「桜台」が出てきます。お客さまは、東京駅から新幹線でサクラダイまで行きたいとのこと。ところが私の聞き取りが不十分だったため、危うく誤案内をするところでした。
お客さまの目的地は、長野県の「佐久平駅《さくだいら》」でした。東京駅からは北陸新幹線の「あさま」か「はくたか」に乗り、約1時間20分で行くことができます。「サクラダイ」と「サクダイラ」。読みは似ていますが関東と中部、まったく別の場所です。

本日の経験から、海外のお客さまをご案内する際は普段以上に注意して聞き出しをすること、会話でなかなか伝わらないときは、メモに書いてもらうなどして誤案内をしないよう気をつけなければならないと実感しました。

日本人同士の会話でも、聞き間違いはよくあること。それが海外の人となると、間違いはもっと多くなるはず。東京２０２０オリンピック・パラリンピックへ向け、コンシェル

ジュたちは、聞き間違い対策をキッチリ考えているところだろう。

■行きたい場所は東京駅じゃなくて
2017年5月29日／A番：西川

「ハンドメイドの洋服などを販売しているお店に行きたいのですが」。物腰が柔らかい2人組の女性をご案内しました。何カ月も前にテレビで紹介されていたそうなのですが、それ以外の情報がわからずコンシェルジュのカウンターへいらしたとのことでした。

すぐには思い当たる場所が浮かばず、インターネット検索を試みるもいただいた情報だけでは該当エリアはヒットしません。

「どんな些細な情報でも構わないので、何かほかに思い出した特徴はありませんか」。いつの間にか刑事ドラマでよく耳にする、こんなセリフを口にしていました。すると、「どこかの高架下だったような……」と、解決に繋がる重要な証言をいただくことができました。

お探しのエリアはＪＲ御徒町《おかちまち》駅と秋葉原駅の間にある「２ｋ５４０」でした。こちらの施設のテーマは「ものづくり」で、個性豊かなお店が並びます。工房とショップがひとつになっているショップスタイルもこの施設の特徴で、商品の作り手とお話ししながら、じっくり買い物ができるのも魅力です。

「とても行きたかった場所なのに、肝心の情報を忘れてしまって。こちらで聞いて本当によかったわ」と、ハンドメイド作品のような温かみのあるお言葉をいただきました。その言葉を励みに、刑事さながらの聞き上手なコンシェルジュを目指してまいります。

じっくりと会話をしてヒントを聞き出すのがテクニック。さらに「東京駅にある」という固定観念を捨てないと答えにたどり着けない場合もある。案内は奥が深い。

■帽子をかぶった男の子

２０１７年11月24日／Ｂ番：安田

「僕のクッキーっていうお菓子はどこで売っていますか」と、女性のお客さまよりお問い合わせがありました。

「前に東京駅で買って、インターネットでも話題になっていたの」と仰ったため、まだまだ知らないお菓子がたくさんあるのだなと改めて驚きました。しかし、ウェブ検索するも該当のお菓子はありません。過去の記録も確認しましたが、やはり情報を見つけることはできませんでした。

その旨をお話しし、さらにどんなクッキーなのか伺うと、「帽子をかぶった男の子のパッケージなんです。なかにはバターのようなものが挟まっていました」と仰いました。男の子、バターのクッキーといえば、「ザ・メープルマニア」のメープルバタークッキーです。ホームページの画像をご覧いただくと、「これです!」と、メープル坊やを見つめながら仰いました。

あらゆる角度からお客さまよりお問い合わせをいただきます。常に頭を柔軟に、そして日々ひらめき力を鍛えたいと思います。

わからないときは根気よく聞き込むことが大事。なんか刑事ドラマのような教訓が得られるエピソードだ。

■ケーキの断面が決め手
2018年5月7日／A番：安田

昨日までの賑やかさとは打って変わり、本日の朝は久し振りに穏やかな雰囲気に包まれていました。そんななか、「お姉さん教えて！」と、男女3人組がカウンターへいらっしゃいました。

「フルーツのケーキが食べられて並んでるカフェがあったの、でも全然見つからないの」と、女性が困った表情を浮かべていました。詳細を伺うも、どうしてもほかの情報は思い出せないとのことでした。

東京駅一番街の「京橋千疋屋」のカフェには、開店前から並んでいる方を見かけることが頻繁にあります。インターネットで画像をご覧いただきましたが女性の表情は変わらなかったため、こちらではないようです。「幻でも見たのではないか」と、両サイドの男性が冗談を仰るほど、お客さまの情報は多くはありませんでした。

「ケーキの断面がフルーツでぎっしりなんです」と、女性がお話しされたときにピンときたのはキッチンストリートにある「果実園」です。お客さまにこちらのメニュー画像を確認していただくと、「そう、これこれ！」と、表情がにこやかになりました。「お姉さん、すごいね！　ありがとう」と、嬉しいお言葉をいただき、これだけで私はお腹がいっぱいになりました。

今回のようなお客さまにお会いすると、情報を伺い想像することがいかに大切か痛感いたします。日々情報を収集しながらも頭を柔軟にできるよう努力したいと思います。

東大生が出演するテレビ番組を見ていると、「頭のなかを見てみたい」と思うが、目まぐるしく店舗が入れ替わったり、新しいものが誕生する東京駅で販売する商品の情報がギッチリ入っているコンシェルジュたちの頭のなかも見てみたいものだ。

■お話をじっくり聞くと

2018年9月27日／A番：安田

「この前、エッグタルトのお店を見たんですけど……どこかわかりますか」と、女性のお客さまよりお尋ねいただきました。
お調べすると、昨年12月にエキュート東京で1店、催事で出店していました。しかし、「今年の6月に見たんです」と仰るお客さま。どうやらこちらの催事ではないようです。「エッグタルトのようなものだったかもしれない」というヒントを頼りに改札内の類似商品をいくつかご覧いただきましたが、なかなかヒットしません。すると、「近くに色々な店舗があった気がする……」というビッグヒントをいただきました。エキュート東京内の「和楽紅屋」は和ラスクのほかにタルトも販売しています。店舗の写真をご覧いただくと、「このお店かもしれない」と、目を輝かせながら仰いました。

最初にお尋ねいただいた内容でわからないようであれば、しっかりお客さまより聞き出しをし、正確な案内をする、という大切なことを、本日で退職される沢田さんの案内を見て勉強させていただきました。大変寂しいですが、その貴重な経験を忘れずに明日からもお客さまへ正確な案内ができるよう精進したいと思います。

相手とじっくり言葉を交わせば、必ず答えに繋がる何かが出てくる。コンシェルジュこ

と、土産捜査官の彼女たちは、日々相手との対話を重視して捜査にあたっています。

■ランキングの一言で
2019年2月9日／A番：大村

赤のチェック柄のパンツがとてもお似合いの女性のお客さまより、「外カリ、中もっちりのキューブ型のフィナンシェを買いたい」とお尋ねいただきました。

改札内で買えるキューブ型のお菓子といえば、「ワッフル・ケーキの店エール・エル」のコロコロキューブが思い浮かびましたが、お客さまに画像をお見せしてもこちらではないとのこと。すると、お客さまが一言。「掲示板の茶色いもののランキングを見たのですが……」。掲示板の茶色いもの。「TOKYO INFO」の「グランスタ今これ！　ベスト3」で紹介されている「タイチロウモリナガ　ステーションラボ」のキュービックフィナンシェでした。

画像をお見せすると、「あ〜、これです」と、お客さまがパッと目を見開きながら仰いました。「ご丁寧にありがとうございました」。非常に冷え込むなかでも、お客さまはスタスタと軽快な足取りでお店へ行かれました。

各ショップの情報やイベントはコンシェルジュが自分たちで駅を隅々まで回ってチェックしているという。そういった下準備が、このような場面で役に立っている。

相手の立場に立つ想像力

聞き出した言葉をもとに調査するだけでは、どうしても見えてこないものがある。そんなときは困っている人の立場に立ち、なぜそんな言葉が出たのか、想像する力が大切だ。

■最終日にブラブラしたい

2018年2月2日／C番：安田

「3時間くらい観光したいのですが、どこかありますか」と、30代くらいのカップルがいらっしゃいました。

伺うと、昨日はディズニーランドへ行かれたとのことで、「今日が最終日なんですけど、何にも考えてなくて……」と、男性の方が笑いながら仰いました。

本日はあいにくの雪です。そんなときでも観光に便利なのは八重洲の地下エリアではないでしょうか。

「ブラブラしたいよね」と、微笑みながらお2人でお話しされていたので、東京駅一番街の「東京おかしランド」や八重洲地下街の「北海道フーディスト」など、楽しめそうな所をお伝えすると、「楽しそうですね!」と喜んでくださいました。


個人的な感想ですが、八重洲地下街は奥へ行けば行くほど独特の雰囲気があり、丸の内エリアの煌びやかな雰囲気とは異なります。観光スポットとは少し違うディープな東京駅を味わっていただけたらと思います。

東京駅の中央地下通路にあるコンシェルジュのカウンターは、天気の状況が把握しにく

い場所。そこでも常に気象状況に気を配り、旅行の最終日という言葉から、近くの地下街の魅力を紹介して散歩を提案する。様々な状況を想像することが大切であることを感じるエピソードだ。

■奥さまへのホワイトデーギフト
2018年3月17日／A番：安田

「2つ聞きたいことがあるんです。1つは会社へのお土産でなおかつホワイトデーギフトとしてもよさそうなお菓子。2つ目は奥さんへのホワイトデーギフトを探しています」と、ハキハキとお話しされるサラリーマンの男性がいらっしゃいました。

実は、こちらのお問い合わせは15日にいただきました。「もうホワイトデーはすぎちゃったんですけどね……」と、先ほどのハキハキさはなく、少し苦笑いされながら仰いました。会社へのお土産の予算は5000円くらいまで、50個ほど買われたいとのこと。思いついた商品の画像をご覧いただきましたが、既に購入されたことのあるものばかりでした。

そして「定番だがこれはどうだろうか」と浮かんだ「モロゾフ」の丸の内駅舎クリス

ピーショコラをご案内したところ、「おー、これは知らない！　これを何個か買います」と、まずはお土産が決まりました。

次は奥さまのホワイトデーギフトですが、とても流行に敏感な方のようで、ご主人の手には、奥さまに頼まれた有名菓子店の袋がたくさんありました。そしてお好みもかなりはっきりされているとのことで、正直なかなか手強いです。流行といえば、よくお尋ねいただくのは「バターバトラー」のバターフィナンシェです。人気の理由をご説明すると、「これはレアですね。これなら大丈夫だろう」と、少しほっとされているようでした。

どちらのギフトも喜んでいただけたでしょうか。私までドキドキしてしまいますが、またこのようなお問い合わせをいただいたときのために、頭のなかの引き出しを整理しておきたいと思います。

ホワイトデーのおすすめギフトを、訪れた人の持っているショップの袋から推測して案内する。もはや東京駅や駅周辺のインフォメーションとは思えないことでも、コンシェルジュたちはやってのけます。

■ライブの熱気に負けないものを！
2018年9月29日／A番：安田

「人気の菓子土産を買いたい」と、女性のお客さまよりお尋ねいただきました。岡山方面からいらっしゃるお友達への手土産に買われたいとのことでした。

コンシェルジュではこのようなお問い合わせは度々いただくのですが、今回の条件は、「X JAPANのライブの熱気に負けないもの」でした。

伺うと、お友達は昨日から幕張メッセで行われているX JAPANのライブのためにいらっしゃるそうです。そして本日と明日と2日連続で行かれるため、あの激しいといわれているライブで形が崩れないのかということをとても心配されていました。

いくつか商品をご案内し、「ちょっと見に行ってみるわ」と、カウンターを後にされたお客さま。数分後に戻られた際に、「あのチョコパイなら大丈夫かもしれない」と仰いました。どうやら「カファレル」の東京ジャンドゥーヤチョコパイに決まったようです。

はたしてX JAPANの熱気とはどんなものなのでしょうか。無事にご友人がジャンドゥーヤチョコパイを召し上がれるよう願いたいと思います。

今までに聞いたことのないリクエストでも、「形が崩れないか心配」という重要なワードをピックアップして、希望に合う商品を提示する。そんな、特殊な状況を一般的な場面に置き換えて物事を捉える柔軟性は、ビジネスの現場で見習いたい能力だ。

■リクエストの上をいくもの

2018年12月22日／C番：大村

昨日のお話なのですが、女性のお客さまより、「東京駅から近い神社で合格祈願をしたいのですが、ご利益のある神社はありますか」と、お尋ねいただきました。

続けてお客さまが、「亀戸天神とかですかね」と仰いました。

亀戸天神は、学業成就で知られている神社の一つです。東京駅からは、比較的好アクセスですが、東京駅の近くには学業成就の神社として有名な湯島天神もあります。湯島天神だと大手町駅から千代田線に乗り、わずか2駅で最寄りの湯島駅まで行くことができます。

その旨を、お客さまにお伝えすると、お客さまは、湯島天神へ行かれるとのこと。ホームページよりアクセス方法をお伝えすると、お帰りの際、少しどきどきとしたご様子で、「よし、ありがとうございました。行ってきます」と力強く仰いました。

お客さまご自身の学業成就でしょうか。それとも、お友達やご家族の祈願でしょうか。お客さまの願いが成就されることを願います。

お客さんの言うとおりに亀戸天神への案内を行えば、案内としては１００点だ。だが、それよりもアクセスのいい学業成就の神社を提案する。彼女たちは常に１２０点のサービスを目指している。

■ベストなお供え物は

２０１８年12月25日／C番：高橋

20代男性より、「これからお葬式に行くのですが、お供え物はどのようなお菓子がよいですか」と、お問い合わせをいただきました。

今までお葬式へ行ったことがないそうでして、知識がまったくないとのことですが、私もお葬式に詳しいわけではなく、お客さまとお話しをしながらお互いにアイデアを出し合うスタイルで何がよろしいのか探ることになりました。

私は、お供え物は故人が好きであったものがよいのではないかと提案をさせていただきましたが、なにがとくに好きであったかわからないとのことでした。

「それでは果物もしくは日持ちがし、後で分け合えるよう小袋に入っているお菓子がよろしいのでは」と、話をしながらお客さまにとって何がよいか探り探りで話を進め、最終的には高級感もあり、誰でも知っているお菓子ということで「とらや」の羊羹がよいとお客さまの気持ちが固まりました。

「とらや」の店が入っている大丸東京店をご案内いたしますと、「よかった。誰に聞いてよいかわからず1人で悩んでいたので助かりました。ありがとうございます」と、カウンターを後にされました。

コンシェルジュの案内業務は案内以外に相談を受けることも多く、日頃よりどんな相談にも瞬時に対応できる引き出しを持つ大切さを実感するお問い合わせでございました。

土産にぴったりな商品を取り扱うショップは多いものの、お供え物を扱う店とは……。自分もお供え物に関して詳しいわけではない。そんな状況でも「故人を思う気持ちを」という原点に立ち、いいものがチョイスできたのは、普段から利用者の目線で物事を考えているからだ。ちなみに「とらや」は現在、東京駅構内グランスタにも出店している。

ほかにもたくさんの活用できる〝力〟が

コンシェルジュに必要な要素、そしてビジネスに役立つ要素は、ここまでに挙げた３つの力だけではない。ほかにもビジネスシーンに役立つ要素は業務日誌を見るとたくさん記されている。

■遠くてもわかる場所
２０１７年10月18日／Ａ番：西川

お友達との待ち合わせのため、東北新幹線ののりかえ口にあるみどりの窓口へ向かわれる女性のお客さまをご案内しました。

のりかえ口が2カ所あり、どちらもみどりの窓口の設置があることをお伝えすると、「どうしよう」と不安げな表情をされました。

お客さまはすぐに、「ここなら、わかりますよね」と、待ち合わせ場所をぴゅうスクエアに変更しようとされましたが、詳しくお話を伺うと、ご友人がこれから内回りの山手線でいらっしゃること、お友達とお会いした後は一緒に東北新幹線にご乗車予定であることがわかり、アクセスのよい北のりかえ口、または南のりかえ口でお待ち合わせされることをお勧めしました。

しかし、お客さまが最終的に選択された待ち合わせ場所は丸の内中央口前でした。東京駅に不慣れなご友人にとってわかりやすい場所というのが決め手だったようです。

日々、お客さまから見習うことが多くありますが、こちらの方からは、「相手の視点に立つ」ことの大切さを学びました。コンシェルジュとして、常にお客さま視点に立ったご案内が提供できるよう、さらに自分を磨いていきたいと思います。

近くの待ち合わせスポットより、遠くても名前を聞けばわかる場所。待ち合わせは、当人同士が知っている場所という要素が大事ということを学び、次に繋げる姿勢は素晴らしい。

■ビッグチャンス到来
2017年12月9日／C番：山本

12時頃、「今から半日、バスで観光がしたいのですが、都営バスの一覧などはありませんか」というお問い合わせをいただきました。このような自由度の高い質問は、心のなかで「来たか」と思ってしまいます。

一方で私も、学生時代の旅行中に、下調べせずに観光案内所に行っては所要時間だけ伝えて、観光プランを作ってもらったことが何度もあります。思い返せばプランはどれも無駄がなく、再度ここに来たいと思うようなプランでした。

東京駅にまたこようと、お客さまに思っていただくには、このような自由度の高い質問をいただいたときに、お客さまに合わせて駅周辺の魅力をお伝えするのが、チャンスなのかもしれません。東京駅周辺の「施設や店舗を知っている」だけではなく「魅力を知っている」状態でないと太刀打ちできない案内の存在に驚いています。

「来たか」と思う質問に応えることが、再び東京に来たいと思ってもらうための重要なポイント。こういう無理難題をチャンスと思う姿勢は見習いたいところだ。

■終わっても諦めない
2018年10月20日／A番：高橋

「すみません。こちらでお菓子の名前を聞いてもよいかしら」と、70代のご婦人がお越しになられました。

どのようなお菓子なのかお尋ねすると、「丸くて、ふわっとしていて……よくわからないの」とのこと。

何かほかに特徴や味、なかに何か入っていたかなど、手掛かりになるようなことはないかとお尋ねすると、「お友だちがここで買ったって言っててね、美味しくて2個ポンポンと食べたの。なかに何かが入っていたのかもわからないわ。ふわっとしてることしか覚えてないのよ」と仰いました。

和菓子ではなく洋菓子のようだと考えているご様子。もう少し何かヒントになることはないかとお尋ねをすると、カウンターも土曜日ということもあって賑わっており、周りを気にされ、「大丈夫、ごめんなさいね」と去っていってしまいました。

ご婦人が去られた後も、ご案内をできなかったふわっとした丸いお菓子が気になり、私なりに色々調べてみました。洋菓子のようで丸くてふわっとしていて……。「文明堂」の東京まるてぃーらではないかと私なりの結論になりました。

直接お客さまへお尋ねはできないので、この商品が正解であるかはわかりませんが、私の情報不足により、すぐにお客さまへご案内ができなかったことが悔やまれます。日々情報を増やす努力をしていきます。

さすがのコンシェルジュも、ふんわりしすぎたヒントで答えが導き出せず。だが「できませんでした」で終わりにせず、その後も調査を続け、次に似たような質問があったとき

に備える姿勢は、まさにプロフェッショナル。

■有力候補をバッサリ捨てる
2018年8月19日／D番：大村

「前にテレビで見たのですが、鈴の印が付いた饅頭のお店はどこですか」。穏やかな雰囲気のお祖父さまがいらっしゃいました。

お饅頭ではありませんが、鈴の印が付いた商品といえば「コロンバン」の銀の鈴サンドパンケーキ、「とんかつ　まい泉」のヒレかつとたまごのポケットサンドです。

するとお客さまが続けてもう一言。「東京駅限定で『東京駅』って印が付いていたと思うんだけど」。この一言で、お探しの商品がわかりました。エキュート東京の「東京あんぱん豆一豆」の東京レンガぱんです。パンの表面に東京駅と刻まれているため、東京駅ならではのお土産だと思います。

お客さまにレンガぱんの画像をお見せすると、「これは東京駅限定だよね。神田駅では押せないもんね」と、絶妙なコメントをいただきました。

柔らかい笑顔が素敵なお客さま。購入された東京レンガぱんと一緒に素敵な笑顔を受け取った方は、きっと大変喜ばれるのではないかなと思います。

「鈴の印」というだけで2つの答えが出てくるのもすごいが、そのあと「東京駅」と出てきたところで、2つの答えを捨てる大胆さ。この切り替える力は仕事をするうえで使えるテクニックといえるだろう。

■ゆるゆるな雰囲気
2018年9月20日／A番：沢田

「私にはお店の名前はわかりません。主人が以前、東京駅で肉まんを食べて美味しかったと言ってました。さてどこのお店でしょう」

比較的静かな午後、60代の女性より突然クイズ形式のお問い合わせをいただきました。いくらご主人にお会いしたことがないとはいえ、私は案内所のスタッフです。一緒に「さぁどこでしょう」と、首をかしげるわけにはいきません。

『過門香《かもんか》』ではない」というヒントもいただき、手元のマウスを回答ボタンに見立てクリック、「1階に『パオパオ』という肉まん販売店もございます」とお伝えしました。

お客さまがこちらの回答で満足してくださったので場所もお伝えすると、続いて2問目の問いがやってきました。

「私は15時12分の新幹線に乗る予定です。今現在の時刻からあと何分後でしょう」

今度は算数の問題です。概算時刻をお伝えすると、想像されていたよりも時間に余裕があったようで、笑顔でカウンターを後にされました。

お問い合わせは必ずしも予想どおりの形ではやってきません。静かな午後に緊張感も一緒にいただいたお問い合わせでした。

ときには、このようなユーモアを交えた質問をしてくる。そんなことを話せる空気を作り出すのもコンシェルジュにとっては大事なことなのだ。

インタビュー　コンシェルジュたちの素顔は

駅の案内所の範疇を超えるレベルの問い合わせを受けても、最善の答えを導き出す彼女たちの仕事ぶりをここまで見てきた。そんな彼女たちは普段、仕事に対してどのような姿勢で臨んでいるのだろうか。プライベートでの彼女たちの素顔は……というわけで、現在コンシェルジュ歴４年目となる３人に話を聞いてみた。

インタビュー❶　西川朱音さん

東京駅やその周辺の情報は、現場を歩き回って集めています。

――コンシェルジュを始めたきっかけは

韓国語と英語を勉強していて、言語を使える仕事をしたいと思っていたところ、この仕事を見つけました。

――仕事を始めて驚いたことは

最初は駅や駅周辺の施設の案内をするものだと思っていたのですが、想像していたより広い範囲のことを訊かれることに驚きました。仕事を始めたての頃に海外の方が、「自分の泊まる千葉の奥のほうにあるドミトリーへの行き方を知りたい」とやって来て、いろんなことを知っておかなければならないんだなと感じました。

——情報収集はどのように行っていますか

東京駅やその周辺の情報は、勤務時間内で手の空いたときに現場を歩き回って集めています。シーズンによってお店に並ぶ商品も違うし、改札外にあったお店が改札内にできたとか。そういった情報は歩いて回らないとわかりません。だから1日で歩く距離は結構なものになります。

それと、自分とは違う目線で歩くことも心がけています。たとえば駅の外、半蔵門線の大手町駅まで、ベビーカーで行くことを想定して、スロープやエレベーターの場所を意識して歩いてみたりするとか。

——東京駅でお気に入りの場所は

お気に入りの場所は、電車が見えるサピアタワーのなかの「スターバックス」です。

——仕事の話からはそれますが、ご趣味はなんですか

アクリル絵の具を使って絵画を描くことです。最近は海の絵を描きました。昔から絵を描くのが好きだったけれど、弟から「海の絵が欲しい」と言われて描いたのがきっかけで、いろいろ描くようになりました。あと、美術館へ行くのも好きですね。

――最後に、お客さんと話をしているときに心がけていることは

言い方が悪いかもしれませんが、「仰ることを鵜呑みにしない」ということを気に留めながら問題の解決に取り組んでいます。お客さまのなかには記憶違いされていることが結構あります。仰っている商品名と形状が一致しない場合は、名前を聞き間違えていらっしゃることが多いので形状を重視します。テレビをながら見して情報を得ている方が多いので、商品名を間違えている場合が多いのです。

――お忙しいなか、ありがとうございました。

インタビュー❷　安田美雪さん

ゆったりした感じを出すのは、お客さまに安心感を与えます。

――仕事を始めたきっかけは

旅行好きで、ヨーロッパやオーストラリア、東南アジアなど1人で出かけていたのですが、そのとき現地の案内所ですごくお世話になりました。そのときの恩返しができないかと思い、今の仕事を始めました。

——**旅行が趣味なのですか**

はい。国内も海外も、1人で旅するのが好きです。前の仕事を辞めてから、この仕事を始めるまでの間、2カ月ほどヨーロッパを旅していました。

——**この仕事を始めてみていかがですか**

想像していた案内所と180度違います。最初は山手線ののりばなどを訊かれると思っていましたが、とにかく色々なことを訊かれます。「日本のお土産でもらったお菓子が美味しかったので」と、海外の方が写真を見せてくれたときは、メーカーもよくわからず、大変でした。とりあえずパッケージに書いてある商品名と「美味しい」をキーワードにして検索をかけて出てきた個人のブログをたよりに、メーカーにたどり着いたり……。

——**情報収集はどのように行っていますか**

基本、歩いて回ります。季節ものに関しては、コンシェルジュ内である程度予想を立ててリサーチを行います。たとえばお彼岸の時期は「おはぎ」の店をチェックするとか。2月にはバレンタインのチョコ情報をチェックするとか。２０２０年のバレンタインはルビーチョコレートをチェックしておきたいです。あとバレンタインよりホワイトデーのほうが情報収集に力を入れますね。カウンターにくるのは女性よりも、「何をプレゼントしたほうが喜ぶでしょうか」と聞いてくる男性の方が圧倒的に多いので。

――テレビ番組の東京駅特集は見たりしますか

もちろんです。マツコ・デラックスさんの出演する番組の反響はとくに大きくて、放送の次の日には問い合わせが増えますから。もし、マツコさんの番組で「まるごと東京駅特集」なんていう放送をやることになったら、コンシェルジュ内はざわつくと思います。

――休みの日は、どんなことをして過ごしていますか

旅行ですね。広大な自然を見るのが好きで、熊本に行っています。現地の案内所に行くと、つい案内所の人を見てしまいますね。東京駅と比べてやってくる人が少ないので、向こうの案内所の人はゆったりしている。ダラダラするのはダメだと思いますが、ゆったりした感じを出すのはお客さまに安心感を与えるので、取り入れたい要素ですね。

――最後に、カウンターにいるときに心がけていることは

感情を表に出す人や、なかなか言いたいことを言えない人など、様々なお客さまがこられますので、お客さまに流されず、冷静にお客さまの解決したい問題に取り組もうと心がけております。それと、自分の目線でものを言わないようにしています。道案内では、人によって見えてくる景色が異なるので、目印となるものを2、3個挙げるなど、多くの人にわかりやすくということを心がけております。

——お忙しいなか、ありがとうございました。

インタビュー❸　大村綾乃さん

カウンターに入りやすい雰囲気を作ることが大切だと思います。

——仕事を始めたきっかけは

昔から東京駅に憧れがありました。学生時代を青森で過ごして、東京は夢のような場所。高校を卒業して学校行くため東京へ。新幹線で初めて来たのが東京駅。東京駅はかっこいい。駅舎とか歴史ある雰囲気とか、ショッピングエリアは地元にない雰囲気の店があって、すべてが夢の世界です。八重洲も丸の内も素敵な世界。そのなかで働くのが夢でした。勉強していたのは語学。コンシェルジュなら憧れの場所で働けますし、語学も生かせると思いました。

――案内の仕事を始めてどうでしたか

案内の仕事は、思っていたものと違いました。案内以外のことも多いし、資料集めもしなければならない。それに迷子になりそうなほど広くて複雑な東京駅を自分の目で見て回って、覚えなければならない。さらに東京の電車の路線が複雑で覚えるのが大変。そのうえ地元の青森ではＳｕｉｃａが使えなかったので、わかりやすくＳｕｉｃａの使い方をご案内するということも大変でした。

――今でも仕事は大変ですか

大変というより難しい。「東京の観光をしたい」という漠然とした質問をいただいたときは、具体的にどんなものを楽しみたいのか、観光地を楽しみたいのか、ショッピングを楽しみたいのか、美味しいものを食べたいのか、観光バスで回りたいのか……、そこをしっかり聞かないと解決しないので難しいです。初めの頃は、漠然とした質問に、手当たり次第に答えて、「うーん、ほかにないかな」と、相手の心にズバッとくる案内ができず、先輩にアシストしていただいていました。

――東京駅の情報を仕入れるために普段、行っていることは

業務前、本屋に立ち寄って、観光ガイドのコーナーでいろんなガイドの表紙を見て、最近の流れを把握しています。注目の観光地とか、人気のスイーツが表紙を見るだけでもざっくりと見えてくるので。

——東京駅でお気に入りの場所は

丸の内オアゾの入り口の前にある座る場所が好きです。緑もあって、中央線も見えるので、休憩時間に行ったらリラックスできる場所。外なので飲み物を飲んだりもできます。

——最後に、コンシェルジュとして一番心がけていることは

あいさつです。とにかくコンシェルジュのカウンターに入りやすい雰囲気を作ることが大切だと思います。

——お忙しいなか、ありがとうございました。

満足のいく案内を行う。

文字にすると、たった10文字のことを達成するため、コンシェルジュたちは日々、利用者目線で東京駅や駅周辺で情報を集めている。

また、相手の話を聞くだけでなく、しっかりと情報を聞き出す、あらゆることを想定して下準備をしておくといったような、彼女たちのなかのマニュアルではないものの、仕事の芯にしているようなことは見えたと思う。

……と、ここまでは「仕事に役立つ」をテーマに、少々硬めの文体で書いてきたが、あとがきということで、ここからは柔らかめに書きます。

読んでいただいておわかりのとおり、この本のクレジットは渡辺雅史となっていますが、手柄の9割がコンシェルジュたちのもの。ということで、出版にあたり日誌をご提供いただきました鉄道会館さん、取材にご協力いただきましたコンシェルジュの皆さんには感謝の言葉を何度申し上げても足りないほどお世話になりました。ありがとうございます。

また、個人での書籍の出版の実績がほぼないにもかかわらず、チャンスをいただきました交通新聞社の太田さま、野坂さま、そして丁寧に校正をしていただきました邑口さま、ありがとうございました。

子供の頃から鉄道が好きだったものの、写真を撮影する技術や、模型を作る手先の器用さがなく、ただただ全国の各路線に乗るだけ。その後、高校在学中からラジオ番組のハガキ職人となり、大学時代はラジオ局のアルバイト。そして在学中に放送作家となり、作家時代の先輩のツテで週刊誌や月刊誌のライターを始めるようになったものの、30代後半までは鉄道関係の仕事に関わるチャンスがありませんでした。それがまさか、40代半ばになって、時刻表を発行する交通新聞社から書籍を出版するとは。今回の書籍で一番の功績はコンシェルジュの皆さんとはいえ、感無量です。

読者の皆さまへ。ここまでお読みいただき、ありがとうございました。面白かったと思った皆さん、ぜひSNSなどでよい噂を広めてください。

図書館などでお借りになって読まれた皆さん、よろしかったらぜひ、購入のご検討をお願いいたします。

最後に。

もし東京駅で困ったことがあったら、ステーションコンシェルジュ東京へ行ってみてください。きっと彼女たちが、あなたの悩みを解決してくれるでしょう。

２０１９年12月　渡辺雅史

渡辺雅史（わたなべまさし）
1975（昭和50）年生まれ。フリーライター。小学生の頃より全国各地の鉄道に乗り、JR全線ほか、現在までに世界18の国と地域の鉄道に乗車している。週刊誌、月刊誌での記事執筆から、テレビやラジオ番組の構成作家まで、幅広い活動を行っている。著書に『銀座線の90年』（河出書房新社）、『最後の国鉄直流特急型電車』（キャンブックス 梅原淳氏、栗原景氏との共著）など。

交通新聞社新書141
東京駅コンシェルジュの365日
業務日誌に見る乗客模様
（定価はカバーに表示してあります）

2020年2月17日　第1刷発行

著　者——渡辺雅史
発行人——横山裕司
発行所——株式会社　交通新聞社
https://www.kotsu.co.jp/
〒101-0062　東京都千代田区神田駿河台2-3-11
NBF御茶ノ水ビル
電話　東京（03）6831-6560（編集部）
東京（03）6831-6622（販売部）

印刷・製本—大日本印刷株式会社

ISBN978-4-330-02020-4